Hans Pfeifer

Versicherungen
So sparen Sie richtig Geld

> **Bibliografische Information Der Deutschen Nationalbibliothek**
>
> Die Deutsche Nationalbibliothek verzeichnet diese Publikation in der Deutschen Nationalbibliografie; detaillierte bibliografische Daten sind im Internet über http://dnb.d-nb.de abrufbar.

ISBN 978-3-648-00415-9   Bestell-Nr. 06600-0001

1. Auflage 2010

© 2010, Haufe-Lexware GmbH & Co. KG, Munzinger Straße 9, 79111 Freiburg

Redaktionsanschrift: Fraunhoferstraße 5, 82152 Planegg/München
Telefon (089) 8 95 17-0
Telefax (089) 8 95 17-2 90
www.haufe.de
online@haufe.de
Produktmanagement: Dr. Leyla Sedghi

Alle Rechte, auch die des auszugsweisen Nachdrucks, der fotomechanischen Wiedergabe (einschließlich Mikrokopie) sowie die Auswertung durch Datenbanken, vorbehalten.

Produktion: bretzinger : media.production, Karlsruhe
Umschlag: Kienle Visuelle Kommunikation, Stuttgart
Druck: Dürrschnabel Druckerei und Verlag GmbH, Elchesheim-Illingen

Zur Herstellung dieses Buches wurde alterungsbeständiges Papier verwendet.

Inhalt

Einführung	5
Versichern – aber richtig!	**7**
Warum Versicherungen unverzichtbar sind	8
Versichern kann man fast alles, man muss es aber nicht!	11
Der Versicherungsbedarf ändert sich	15
Müssen, können, sollen sich Versicherungen „rechnen"?	15
Versicherungen für die persönliche Sicherheit	**17**
Schutz gegen Erwerbs- und Berufsunfähigkeit	17
Die private Unfallversicherung	27
Versicherungen gegen schwere Krankheiten	35
Die private Krankenversicherung	38
Private Pflegeversicherungen	51
Versicherungen für das Vermögen	**61**
Die private Haftpflichtversicherung	61
Spezielle Haftpflichtversicherungen	66
Die Rechtsschutzversicherung	68
Versicherungen zum Schutz der Familie	**73**
Die Lebensversicherung	73
Versicherungen für Kinder	79
Versicherungen für das Hab und Gut	**85**
Die Hausratversicherung	85
Die Reisegepäckversicherung	92
Die Gebäudeversicherung	94
Die Elementarschadenversicherung	99
Die Glasversicherung	101
Die Kfz-Versicherungen	105

Vorsorgen mit Versicherungen — 115
Die Riester-Rente — 115
Die betriebliche Altersvorsorge — 123
Die Basisrente — 127
Private Rentenversicherungen — 132

Versicherungen für jede Lebensphase — 143
Versicherungen für Kinder, Schüler, Azubis — 143
Versicherungen für Berufsanfänger — 146
Versicherungen für junge Familien — 147
Versicherungen in der Mitte des Lebens — 149
Versicherungen für die Generation 50plus — 150
Versicherungen in der Rentenphase — 151
Streitfall Sterbegeldversicherung — 152
Welche Versicherung für wen und wann? — 153
Exkurs: Versicherungen für Frauen — 155
Exkurs: Was tun bei Scheidung? — 156

Versicherungen richtig managen — 161
Über Versicherungen informieren und Tarife vergleichen — 161
Viele Wege führen zum Vertragsabschluss — 163
Jederzeit den Überblick behalten — 169
Versicherungen richtig kündigen — 171
Kündigungen vermeiden und Geld sparen — 174
Richtig verhalten – Schutz retten — 177
Kosten vermeiden bei Versicherungsstreit — 182
Schummeln wird teuer — 184
Steuern sparen mit Versicherungen — 186

Stichwortverzeichnis — 190

Einführung

Wir alle sehnen uns nach Sicherheit. Seitdem die Krise herrscht, ist dieser Wunsch noch stärker geworden. Abgesehen davon können es sich viele Menschen gar nicht leisten, durch Schäden an der Gesundheit oder an Hab und Gut Geld einzubüßen, das sie hart verdienen müssen. Versicherungen können Schäden nicht verhindern, aber die finanziellen Folgen mildern oder gar ersetzen.

Versicherungen sind nützlich, und wo wesentliche Policen fehlen, wird aus falscher Sparsamkeit schnell ein Verlust. Die Versicherungswirtschaft wirbt daher mit dem griffigen Slogan „Gut, dass es Versicherungen gibt". Dagegen ist nichts einzuwenden. Doch beim Versicherungsschutz gilt die gleiche Regel wie bei der Einnahme von Medikamenten: Nicht viel hilft viel, sondern auf die richtige Dosierung kommt es an.

Ich behaupte, dass jeder Haushalt Möglichkeiten hat, beim Versicherungsschutz zu sparen. Da gibt es jede Menge überflüssige Versicherungen, Verträge, die ihr Geld nicht wert sind, oder Versicherungsschutz, der bei anderen Anbietern zum gleichen oder niedrigeren Preis besser zu haben ist.

Das ist kein Aufruf zu überstürzten Kündigungen laufender Verträge, denn auch dabei kann man viel Geld verlieren. Vielmehr geht es darum, dass sich jeder für seine Versicherungsangelegenheiten mindestens genau so viel Zeit nimmt, wie bei der Planung eines Autokaufs.

Viel Erfolg wünscht Ihnen *Hans Pfeifer*

Versichern – aber richtig!

150 Milliarden Euro Beitrag zahlen die Deutschen im Jahr für ihre Versicherungen. Das sind statistisch gesehen – vom Baby bis zum Greis – 1.835 Euro je Einwohner. Insgesamt rund 447 Millionen Versicherungsverträge haben die Bundesbürger abgeschlossen.

Manchem – vor allem einigen Verbraucherschützern – ist das viel zu viel. Den Versicherern – und vor allem den Versicherungsvermittlern – ist das viel zu wenig. Bevor der Leser an dieser Stelle seine Kontoauszüge sucht, um herauszufinden, wie viel er pro Jahr für Versicherungen bezahlt, um dann aus dem Vergleich mit der Durchschnittssumme von 1.835 Euro zu schlussfolgern, ob er „zu viel" oder „zu wenig" bezahlt, ein Einwurf: Das Ergebnis ist völlig bedeutungslos. Genauso wie die durchschnittliche Beitragssumme pro Jahr nichts darüber sagt, ob die deutschen Haushalte „gut" oder „schlecht" versichert sind.

Entscheidend ist, dass sie richtig versichert sind. Das läuft im Kern auf die Frage hinaus, ob der Einzelne bzw. ob der Haushalt gegen die wichtigsten Risiken versichert ist. Und wichtig sind Risiken, die – wenn sie eintreten – gefährlich werden können. Gefährlich wird es immer dann, wenn ein großer finanzieller Schaden entsteht, den man selbst nicht oder nur unter großen Anstrengungen tragen könnte.

Entscheidend ist aber auch die Frage, ob der Versicherungsschutz sein Geld wert ist. Das weiß man spätestens im Schadensfall, also dann, wenn die Versicherung zahlt, oder eben auch nicht zahlt. Dann ist es aber zu spät. Also sollte man möglichst schon bei Vertragsabschluss wissen, wie das Preis-Leistungsverhältnis aussieht. Das kann man nicht an der absoluten Höhe des Beitrags messen, sondern vor allem daran, was und wie die Versicherung im Schadensfall leistet.

Auf einen Nenner gebracht: Richtig versichert sind all jene, die zu einem fairen Preis einen zuverlässigen und ausreichenden Versicherungsschutz vereinbart haben. Das ist auch eine Frage der persönlichen Neigung. Manchem genügt ein Basisschutz, bei dem zum kleinen Preis nur das Notwendigste abgesichert ist. Andere wiederum wollen es komfortabel, mit hohen Versicherungssummen, mit dem Einschluss aller Risiken und jede Menge

Extras beim Service. In fast jeder Versicherungssparte kann die Versicherungswirtschaft helfen. Meist bieten die Unternehmen unterschiedliche Tarifvarianten an, die dann mit den Namen „Basic" oder „Standard" für die einfache Ausführung, „Klassik" für die „Normalausführung" bzw. „Top" oder „Exklusiv" für den gehobenen Bedarf gekennzeichnet sind.

SO VERSICHERN SICH DIE DEUTSCHEN

Versicherung	Beitragszahlung je Einwohner im Jahr
Lebensversicherung/Altersvorsorge	1.017 Euro
Private Krankenversicherung	384 Euro
Schaden- und Unfallversicherung	434 Euro
Insgesamt	1.835 Euro

Warum Versicherungen unverzichtbar sind

Ohne Versicherungen geht nichts! Selbst eingefleischte Gegner der Versicherungswirtschaft stehen unter dem Schutz von Versicherungen. Jeder Arbeitnehmer genießt am Arbeitsplatz sowie auf dem Weg zwischen Wohnung und Arbeitsort den Schutz der gesetzlichen Unfallversicherung. Ebenso jedes Kind in der Kita und jeder Schüler in der Schule. Die Beiträge dafür entrichten die Arbeitgeber bzw. die Träger der Einrichtungen. Für die Versicherten ist der Schutz quasi zum Nulltarif.

In anderen Fällen zwingt uns der Gesetzgeber zur Versicherung. Von jedem Bruttogehalt gehen Beiträge zur Renten-, Kranken-, Pflege- und Arbeitslosenversicherung ab. Die Sozialversicherungen sind Pflichtversicherungen. Ersonnen hat das Prinzip Reichskanzler Otto von Bismarck; durch eine Kaiserliche Botschaft Wilhelms I. wurde 1881 der Aufbau der Arbeiterversicherung eingeleitet.

Der Staat schreibt Versicherungsschutz vor

Doch nicht nur bei der Sozialversicherung zwingt uns der Staat zum Abschluss von Versicherungsverträgen, sondern auch in manchen Sparten der Individualversicherung. So darf kein Autofahrer im öffentlichen Straßenraum den Zündschlüssel herumdrehen und das Fahrzeug starten, ohne dass er zuvor eine Kfz-Haftpflichtversicherung abgeschlossen hat. Die Kfz-Haftpflicht ist eine Pflichtversicherung aus Gründen der „Gefährdungshaftung". Was nichts anderes heißt, als dass ein Kraftfahrzeug ein gefährliches Gerät ist, durch dessen Gebrauch allein – unabhängig vom Verschulden des Fahrers – Personen zu Schaden kommen können, wofür eine Versicherung einspringen muss.

Diese Beispiele weisen auf das Grundprinzip von Versicherungsschutz hin: Für Schäden, die die finanzielle Leistungskraft des Einzelnen überfordern können, muss eine Gemeinschaft aufkommen und dem Geschädigten finanziell unter die Arme greifen. Gespeist werden die Entschädigungen der Einzelnen durch die Beiträge aller. Das ist in der Sozialversicherung nicht anders als in der Individualversicherung. Im Unterschied zu den Sparten der Sozialversicherung überlässt es der Gesetzgeber aber der Initiative jedes Bürgers, sich freiwillig und individuell gegen viele weitere Risiken zu versichern.

Dieses Freiwilligenprinzip und die Trennung zwischen Sozial- und Individualversicherung bedeutet jedoch nicht, dass die Individualversicherung weniger wichtig wäre. So kann beispielsweise ein Unfall in der Freizeit genauso schwere oder gar noch größere Folgen haben wie ein Arbeitsunfall. Sind Invalidität und Erwerbsunfähigkeit die Folge des Unfalls, droht materielle Not. Während das Opfer eines Arbeitsunfalls auf jeden Fall versichert ist und finanzielle sowie Gesundheits- und Rehabilitationsleistungen erhält, bekommt das unversicherte Opfer eines Freizeitunfalls keinen Cent. Die meisten Unfälle passieren allerdings in der Freizeit und nicht am Arbeitsort oder auf dem Weg dorthin.

Der Sozialversicherungsschutz allein reicht nicht aus

Dazu kommt noch ein weiterer Grund: Die Leistungen der Sozialversicherungen reichen oft nicht weit. Der Schutz ist begrenzt (siehe Beispiel Unfallversicherung) oder die finanzielle Entschädigung ist nicht ausreichend.

Da gilt meist der Grundsatz „Zum Leben zu wenig, zum Sterben zu viel". Weil in den Kassen der Sozialversicherungen immer öfter Ebbe herrscht, bedarf es zunehmend der Ergänzung der gesetzlichen Versicherungen durch privaten Versicherungsschutz. Beispiele dafür sind:

- **Krankenversicherung:** Mit privaten Zusatzversicherungen können Patienten ihre Versorgung verbessern bzw. Leistungen bezahlen, für die die Krankenkassen nicht aufkommen (siehe Seite 47 ff.).

- **Pflegeversicherung:** Wer pflegebedürftig wird, kann Pflegeleistungen in stationären Einrichtungen von den Sätzen der Sozialen Pflegeversicherungen und seiner Rente allein nicht bezahlen. Ohne private Pflegezusatzversicherung bleibt nur der Gang zum Sozialamt oder die Inanspruchnahme des Vermögens der Kinder (siehe Seite 51 ff.).

- **Rentenversicherung:** Von der gesetzlichen Rente allein wird in Zukunft kaum jemand mehr leben können. Deshalb bedarf es der privaten Altersvorsorge oder der betrieblichen Altersvorsorge.

Die Schlussfolgerung lautet: Die „Kür" der individuellen Versicherung ist mindestens genauso wichtig wie die „Pflicht" der Sozialversicherung.

STAATLICHE UND PRIVATE VORSORGE

	Sozialversicherung	Individualversicherung
Grundsatz	Pflichtversicherung	Freiwillige Versicherung
Versicherte Personen	Arbeitnehmer	Natürliche Personen
Versicherte Risiken	Altersarmut Krankheit Arbeitsunfall Pflegebedürftigkeit Arbeitslosigkeit	Tod Berufsunfähigkeit Unfall Pflegebedürftigkeit Haftpflicht Einbruchdiebstahl Umweltschäden Sachschäden der verschiedensten Art

Leistungen	Werden vom Gesetzgeber festgelegt.	Werden vertraglich vereinbart.
Beitragshöhe	Abhängig vom Einkommen des Versicherten.	Abhängig von der Art und der Höhe des versicherten Risikos bzw. der versicherten Leistung.
Träger	Staatliche Einrichtungen	Private und öffentlich-rechtliche Versicherungsunternehmen

Versichern kann man fast alles, man muss es aber nicht!

Rolling Stones-Gitarrist Keith Richards hat sein wichtigstes Produktionsmittel, seine Hände, für eine Million Dollar versichert, Super-Modell Naomi Campbell ihren Edel-Body für vier Millionen Dollar und „Lord of the Dance"-Star Michael Flatley seine Füße für 25 Millionen britische Pfund. Die Stadt München versichert alljährlich das Oktoberfest, Landwirte schließen Versicherungen gegen schlechtes Wetter ab und Unternehmen sorgen für ihre Mitarbeiter in Krisengebieten per Versicherungspolice gegen Entführung und Lösegelderpressung vor.

Das sind sozusagen die Exoten. Der Versicherungsalltag ist trivialer. Da geht es um Gesundheit, persönliche Sicherheit, Schutz von Hab und Gut. Doch was „muss" Otto Normalversicherer eigentlich versichern?

Dafür gibt es eine ganz einfache Formel:

- Versichert sein **muss**, was die materielle Existenz ruinieren kann.

- Versichert sein **sollte**, was zu finanziellen Schwierigkeiten führen und die Umsetzung der Lebenspläne behindern könnte.

- Versichert sein **kann**, was bei einem Schaden zu unerwarteten finanziellen Belastungen führen würde.

- Nicht versichert werden muss, was man ohne große Anstrengungen auch allein bezahlen kann.

Versicherungen können Gefahren nicht bannen, sie können die finanziellen Folgen nur mildern. Letztlich ist und bleibt die Entscheidung, was sinnvoller und preiswerter Versicherungsschutz ist, eine Angelegenheit des Einzelnen. Allerdings gibt es für uns alle – egal, ob wir viel oder wenig auf der hohen Kante haben – eine Reihe von Gefahren, die an die Existenz gehen.

Jeder kann betroffen sein

Wer Zweifel am Verhältnis zwischen Aufwand und Nutzen von Versicherungen für die persönliche Sicherheit hegt, sollte folgende Versicherungsfälle lesen – keine Exotenfälle, sondern alltägliche Situationen, wie sie jeden ereilen können:

Berufsunfähig durch Krankheit: Frau Händler war eine erfolgreiche Immobilienmaklerin. Die 39-jährige erkrankte jedoch an Krebs. Sie musste mehrere Operationen und langwierige Therapien über sich ergehen lassen. Die Heilungsaussichten sind gut, an die Ausübung einer beruflichen Tätigkeit ist jedoch auf absehbare Zeit nicht zu denken. Von der gesetzlichen Versicherung bekommt sie nur eine geringe Erwerbsunfähigkeitsrente. Zum Glück hatte Frau Händler eine Berufsunfähigkeitsversicherung abgeschlossen, die ihr jeden Monat 1.000 Euro Rente zahlt. Diese Rente hat sich Frau Händler durch 660 Euro Jahresbeitrag erworben.

Krank im Ausland: Frau Triebig, schon 71 Jahre alt aber immer noch rüstig, leistete sich während eines kalten deutschen Winters einen Trip ins warme Florida. Dort brach sie plötzlich zusammen. Die Ärzte diagnostizierten ein geplatztes Leberhämatom. In einer Notoperation musste der Frau ein Teil des Organs entfernt, weil es später Komplikationen gab, gar eine Lebertransplantation durchgeführt werden. Nach sechswöchigem Krankenhausaufenthalt wurde Frau Triebig per Ambulanzflugzeug nach Hause geflogen. Die Gesamtkosten von rund einer viertel Million Euro bezahlte die Auslandsreise-Krankenversicherung. Diese hatte Frau Triebig ganze 8,40 Euro Beitrag gekostet.

Unfall nach der Arbeit: Herr Kaufmann war auf dem Weg von seinem Arbeitsplatz nach Hause. Weil er noch schnell Geld aus dem Automaten seiner Sparkasse ziehen wollte, wich er knapp 100 Meter vom direkten Weg zwischen Arbeitsstätte und Wohnung ab. Beim Überqueren der Straße wurde er in einen Unfall verwickelt und so schwer verletzt, dass er Invalide wurde. Die zuständige Gemeindeunfallversicherung lehnte eine Entschädigung als Arbeitsunfall ab, obwohl der Hin- und Rückweg zwischen Wohnung und Arbeitsplatz gesetzlich versichert ist. Das Argument: Der Unfall ereignete sich auf einem privaten Umweg. Zum Glück hatte Herr Kaufmann eine private Unfallversicherung abgeschlossen, die ihm für die erlittene 60-prozentige Invalidität 180.000 Euro zahlte. Die Versicherung kostete Herrn Kaufmann 207 Euro Jahresbeitrag.

Unfall in der Freizeit: Herr Laufer war ein versierter Skifahrer. Auf einer längeren Tour im Gebirge ereilte ihn jedoch ein Wetterumsturz, er kam von der Loipe ab, stürzte einen Abhang hinunter und verletzte sich schwer. Die Bergung durch die Bergwacht dauerte mehrere Stunden, als Folge des Unfalls war Herr Laufer jedoch querschnittsgelähmt. Seine private Unfallversicherung bezahlte die Bergungskosten in Höhe von 4.000 Euro sowie eine Invaliditätsrente von 1.000 Euro monatlich. Diese Rente kostete Herrn Laufer 93 Euro Versicherungsbeitrag pro Jahr.

Haftung bei Hundebiss: Herr Bellmann ist ein erfahrener Hundehalter. Sein Staffordshire Terrier gilt zwar als Kampfhund, ist aber wohlerzogen und Herr Bellmann respektiert in der Öffentlichkeit Leinen- und Maulkorbzwang. Trotzdem konnte das Tier seine Gene eines Tages nicht verleugnen, als die Nachbarin klingelte. Eigentlich wollte sie nur ein Paket abgeben, das die Post in Abwesenheit von Herrn Bellmann zugestellt hat. Der am Treppengeländer angebundene Hund riss sich los und verbiss sich im Arm der Nachbarin. Sie musste im Krankenhaus mehrfach operiert werden, trotzdem blieb der Arm schwer geschädigt, die Nachbarin wurde zum Invaliden. Die Haftpflichtversicherung von Herrn Bellmann zahlte rund 50.000 Euro an die Nachbarin. Für seine Hundehalterhaftpflichtversicherung zahlte Herr Bellmann 90 Euro pro Jahr.

Geld im Pflegefall: Herr Hartmann ist Witwer und lebt im Haus der Familie seines Sohnes. Nach einem Schlaganfall wird Herr Hartmann schwer pflegebedürftig. Entsprechend der Pflegestufe II erhält er von der gesetzlichen Pflegepflichtversicherung ein Pflegegeld von 430 Euro im Monat, wenn die Angehörigen ihn pflegen. Nimmt er professionelles Pflegepersonal in Anspruch, zahlt die gesetzliche Versicherung zwar 1.040 Euro, aber auch das reicht hinten und vorne nicht, denn Herr Hartmann benötigt mindestens dreimal täglich Hilfe bei der Körperpflege, Ernährung und Mobilität. Das kostet – wenn die Pfleger ins Haus kommen – so um die 1.800 Euro im Monat. Für die Differenz reicht die Rente nicht aus. Herr Hartmann müsste also entweder als Sozialfall ins Pflegeheim oder die Schwiegertochter ihren Job aufgeben, damit der alte Herr angemessen versorgt werden kann. Zum Glück tritt dieser Fall nicht ein, denn Herr Hartmann hatte noch im Alter von 53 Jahren eine private Pflegetagegeldversicherung abgeschlossen. Das kostete ihn – weil er bei Vertragsabschluss schon relativ alt war – zwar 35 Euro Monatsbeitrag, dafür erhält er jedoch als Pflegebedürftiger jeden Monat 780 Euro von der Versicherung. Zusammen mit den Leistungen der Pflichtversicherung und seiner Rente reicht die Summe aus, damit sich Herr Hartmann angemessene Pflege leisten kann, nicht ins Pflegeheim muss oder seinen Angehörigen zur Belastung wird.

Rechtzeitig an die Sicherheit denken

Die Liste solcher Beispiele ließe sich beliebig fortsetzen. All diesen Fällen ist gemeinsam: Solche Schicksalsschläge können jeden treffen und sie können die Existenz ruinieren bzw. Lebenspläne über den Haufen werfen, wenn keine finanzielle Vorsorge getroffen wurde. Deutlich wird auch: Der finanzielle Aufwand ist im Verhältnis zum Nutzen im Fall der Fälle relativ leicht zu verkraften. Sicherheit hat ihren Preis, aber der sollte uns den Aufwand wert sein.

Weil sich bei den meisten Personenversicherungen der Preis für die Sicherheit – also der Beitrag für die Versicherung – nach dem Eintrittsalter und dem Gesundheitszustand des Versicherten richtet, wird die Sicherheit um so billiger, je eher man einen Vertrag abschließt. Wenn also „Geiz geil ist", wie die Werbung uns suggeriert, dann ist dies ein Grund, schon in jungen Jahren etwas für die persönliche Sicherheit zu tun.

Der Versicherungsbedarf ändert sich

Einmal richtig versichert – ein Leben lang gut geschützt: Diese Rundum-Sorglos-Mentalität kommt zwar gut in der Werbung an, ist jedoch die falsche Strategie für die persönliche Sicherheit. Denn der Versicherungsbedarf ändert sich im Laufe der Lebensphasen.

Auch die finanziellen Möglichkeiten für die Versicherung von persönlichen Risiken verändern sich im Laufe eines Lebens. Am Anfang des Berufslebens ist das Geld meist knapp, Anschaffungen müssen getätigt, eine Familie soll gegründet werden. Andererseits ermöglichen der berufliche Aufstieg und die Verbesserung der Einkommensverhältnisse mit der Zeit auch einen Ausbau des Versicherungsschutzes.

Unterschiedlich entwickelt sich in den verschiedenen Lebensphasen auch das subjektive Empfinden für die persönliche Sicherheit. Für junge Menschen steht die materielle Sicherheit der Gegenwart im Vordergrund. Mit zunehmendem Alter spielt die Sicherheit der Gesundheits- und Altersvorsorge eine größere Rolle. Diesem subjektiven Empfinden sollte man jedoch nicht immer nachgeben. Wer den Abschluss bestimmter Versicherungen auf spätere Lebensabschnitte verschiebt, obwohl er sie sich schon in jungen Jahren leisten könnte, verschenkt oft Kosten- und Sicherheitsvorteile. Ausreichender Versicherungsschutz ist später nicht oder nur noch gegen viel Geld zu haben.

Geld sparen mit der richtigen Versicherung, heißt also auch: Der Versicherungsschutz muss immer wieder überprüft und angepasst werden (siehe Seite 143 ff.).

Müssen, können, sollen sich Versicherungen „rechnen"?

„Da zahle ich jahrelang Beiträge und wenn es drauf ankommt, dann drückt sich die Versicherung" – solche oder ähnliche Meinungsäußerungen beherrschen nicht nur den Stammtisch, sondern auch die Inhalte von populären Ratgeberbeiträgen in Presse, Funk und Fernsehen. Journalisten und selbst ernannte Verbraucherschützer bedienen sich gern und häufig dieser „Volksmeinung", denn das sichert Aufmerksamkeit und allgemeine Zustimmung.

Abgesehen von den Gründen, warum die Versicherung im konkreten Fall zahlt oder nicht zahlt, steckt dahinter die weit verbreitete Meinung, der Versicherte habe durch seine Beitragszahlungen einen Anspruch erworben, dass das Geld eines Tages mal wieder zurückfließt. Die Beitragszahlung ohne Leistungsinanspruchnahme gilt irgendwie als „rausgeschmissenes Geld".

Volkes Meinung beruht jedoch auf einem Irrtum. Versicherungen sind – bis auf wenige Ausnahmen – keine Sparverträge, bei denen es irgendwann etwas „raus" gibt. Versicherungen sind dazu da, den Einzelnen vor unkalkulierbaren finanziellen Risiken zu schützen. Sie zahlen nur bei Vorliegen der entsprechenden gesetzlichen und vertraglich vereinbarten Voraussetzungen. Diese prüft der Versicherer, und zwar nicht nur aus Eigeninteresse, sondern zum Schutz der gesamten Versichertengemeinschaft, die nicht zahlen darf, wofür sie nicht zahlen muss.

Eine Versicherung nach dem finanziellen Nutzen bzw. nach der Rendite im Vergleich zu den eingezahlten Beiträgen zu beurteilen, ist also falsch. Eine Ausnahme machen in dieser Hinsicht lediglich Vorsorgeversicherungen (siehe Seite 115 ff.), bei denen sich der Versicherer aber vertragsgemäß zur Zahlung einer Leistung verpflichtet. Bei allen anderen Personen-, Schadens- und Sachversicherungen gilt: Die beste Versicherung ist die, die man gar nicht in Anspruch nehmen muss. Denn Versicherungen können zwar materielle Entschädigungen zahlen, die immateriellen Verluste, die mit schweren Schäden verbunden sind, können sie jedoch leider nicht ausgleichen.

Versicherungen für die persönliche Sicherheit

Fast jeder kennt einen oder mehrere Menschen, von denen es heißt, da habe das Schicksal ein übles Spiel getrieben: Menschen, die schwere Unfälle erlitten haben oder die von Krankheiten geplagt sind und die deshalb ihrem Beruf nicht mehr nachgehen können. Einst hoffungsvolle Karrieren bekamen einen Knick oder endeten schlagartig, der materielle Wohlstand der Betroffenen und ihrer Familien ist in Armut umgeschlagen.

Die Betroffenen hatten sich ihr Leben einst ganz anders vorgestellt. Sie hegten wie die meisten Menschen Pläne: Möglichst einen Beruf, der Spaß macht, ein Einkommen, das ein gutes Leben ermöglicht, eine glückliche Familie und im Alter die wohlverdiente Rente – und diese möglichst lange! Doch dann kam es anders: Unfall, Krankheit, Invalidität, Arbeitsunfähigkeit, Pflegebedürftigkeit, Armut, Sozialhilfe, Job weg, Konto leer, Haus weg, Scheidung ...

Viele der auf solche Weise vom Schicksal gebeutelten hätten ursprünglich – vor allem als junge Menschen – den Gedanken weit von sich gewiesen, dass ausgerechnet ihnen so etwas einmal passieren könnte. Doch das Leben ist mitunter anders, eine umfassende Sicherheitsgarantie von der Wiege bis zur Bahre gibt es nicht. Versicherungen aber können mehr Sicherheit für die persönliche Lebensplanung geben.

Schutz gegen Erwerbs- und Berufsunfähigkeit

Wer seinen Beruf aus gesundheitlichen Gründen nicht mehr ausüben kann, muss seine Lebensplanung meist begraben. Zu den gesundheitlichen Beeinträchtigungen der Lebensqualität kommen finanzielle Probleme, wenn keine Vorsorge getroffen wurde. Berufs- oder Erwerbsunfähigkeit stellt deshalb eine ernsthafte Bedrohung der persönlichen Sicherheit dar.

...tig gegen Sorglosigkeit: Die Rentenversicherungsträger haben ermittelt, dass jeder dritte Arbeiter und jeder fünfte Angestellte wegen Erwerbs- oder Berufsunfähigkeit vorzeitig aus dem Arbeitsleben ausscheiden muss. In den meisten Fällen setzt Krankheit dem Arbeitsleben ein vorzeitiges Ende.

Die wichtigsten Ursachen von Berufsunfähigkeit

Erkrankungen des Skelett- und Bewegungsapparates:	24,35 Prozent
Nervenerkrankungen:	23,45 Prozent
Krebs und andere bösartige Geschwüre:	14,44 Prozent
Erkrankungen des Herzens und des Gefäßsystems:	10,83 Prozent
Unfälle:	10,70 Prozent
Sonstige Erkrankungen:	16,23 Prozent

Keine Rente vom Staat

Die Berufsunfähigkeitsversicherung gehört zu den Versicherungen, die jeder haben sollte, der von seinem Arbeitseinkommen lebt. Denn: Wer aus gesundheitlichen Gründen nicht oder nicht vollwertig arbeiten kann, bekommt kein Geld. Zumindest bekommt er so wenig Geld, dass es zum Leben nicht reicht. Denn eine Berufsunfähigkeitversicherung vom Staat gibt es nicht mehr. Schon seit dem 1. Januar 2001 führt Berufsunfähigkeit nicht mehr zu einer Rente aus der gesetzlichen Rentenversicherung. Stattdessen gibt es nur noch eine „Rente wegen teilweiser Erwerbsminderung".

Dazu heißt es im § 43 des Sozialgesetzbuches VI in dürren Worten: „Teilweise erwerbsgemindert sind Versicherte, die wegen Krankheit oder Behinderung auf nicht absehbare Zeit außerstande sind, unter den üblichen Bedingungen des allgemeinen Arbeitsmarktes mindestens sechs Stunden täglich erwerbstätig zu sein."

Eine Berufsunfähigkeitsversicherung ist existenzwichtig

Die private Absicherung des Risikos der Berufsunfähigkeit ist deshalb ein absolutes Muss. Doch die Botschaft, dass es seit dem 1. Januar 2001 für alle nach dem 1. Januar 1961 Geborenen keine Berufsunfähigkeitsrente vom Staat mehr gibt, ist bisher bei den Wenigsten angekommen. Erst 22,2 Prozent der Deutschen haben eine Versicherung gegen Berufs- oder Erwerbsunfähigkeit abgeschlossen, so eine Befragung der Allensbacher Werbeträger-Analyse 2003. Das Unfallrisiko, das im Vergleich zur Berufsunfähigkeit ungleich kleiner ist, haben jedoch 42,5 Prozent der Deutschen versichert.

Berufs- oder Erwerbsunfähigkeit?

Den privaten Versicherungsschutz gibt es als Berufsunfähigkeitsversicherung (BU), das heißt für den Fall, dass der Versicherte zu mindestens 50 Prozent außer Stande ist, seinen bisher ausgeübten Beruf auszuüben. Es gibt sie auch als Erwerbsunfähigkeitsversicherung (EU), das heißt für den Fall, dass der Versicherte überhaupt keinen Beruf mehr ausüben kann.

Diese Unterschiede im Grad der Invalidität haben auch Auswirkungen auf den Preis der Versicherung. Weil das Risiko einer völligen Erwerbsunfähigkeit geringer ist, sind solche Verträge billiger. Dafür ist der Schutz auch geringer als bei einer Berufsunfähigkeitsversicherung. Wer es sich leisten kann, sollte die BU-Versicherung als die bessere Absicherung des persönlichen Risikos vorziehen.

Was die Versicherung leistet

Die Berufsunfähigkeitsversicherung zahlt im Falle von Berufsunfähigkeit – meist ab 50 Prozent Invalidität – bzw. die Erwerbsunfähigkeitsversicherung bei voller Erwerbsunfähigkeit – eine monatliche Rente, solange die Berufsunfähigkeit bzw. Erwerbsunfähigkeit besteht. Die Rentenhöhe wird bei Vertragsabschluss vereinbart.

> **! ACHTUNG   RICHTIGE KALKULATION DER RENTE   ! ACHTUNG**
>
> Die Rentenhöhe sollte so vereinbart werden, dass das monatliche Nettoeinkommen erreicht wird. Weil das Einkommen mit der Zeit wächst, sollten Berufsanfänger großzügig kalkulieren. Am besten sind Verträge, bei denen die Rente nach einem Gehaltssprung oder bei einschneidenden Veränderungen im Leben, wie Eheschließung oder Geburt eines Kindes erhöht werden kann.

Wonach sich der Beitrag richtet

Entscheidend für den Beitrag ist nicht nur die Rentenhöhe, sondern auch Alter und Gesundheitszustand des Versicherten sowie die Laufzeit des Vertrages. Auch bei den EU- und BU-Versicherungen gilt: Je jünger und gesünder der Antragsteller, umso billiger die Prämie. Frauen zahlen etwas mehr Beitrag als Männer, weil sie statistisch gesehen öfter berufsunfähig werden als Männer.

Außerdem richtet sich der Beitrag nach dem Beruf. Dachdecker und Fliesenleger z.B. zahlen mehr als Bürokaufleute, weil ihr Risiko, berufsunfähig zu werden, größer ist. Die Beiträge für Angehörige von Hochrisikogruppen können bis zu 100 Prozent über denen von Angehörigen mit risikoarmen Berufen liegen. Ein erhöhtes Risiko kann auch aus gefährlichen Freizeitbeschäftigungen resultieren.

Vor dem Abschluss klug sein

BU- und EU-Versicherungen sind keine Verträge „von der Stange" und erfordern ausgiebige Beratung. Vor dem Abschluss eines Vertrages sollte man unbedingt mehrere Angebote vergleichen. Die Tatsache, dass die Versicherung gegen Berufsunfähigkeit ganz entscheidend zur persönlichen Sicherheit beiträgt, bedeutet nicht, dass jeder Vertrag besser ist als gar keiner. Im Gegenteil: Bei wohl kaum einer Versicherung wie bei BU/EU kommt es weniger auf den Preis, dafür umso mehr auf die Leistung an. Berufsunfähigkeitsversicherungen sind generell nicht billig. Wer beim Abschluss nur nach der Prämie fragt, kann ein böses Erwachen erleben, wenn die Versicherung bei einer Berufsunfähigkeit nicht zahlt, weil sie laut „Kleingedrucktem" auch nicht zahlen muss. Wenn der Versicherte dieses „Kleingedruckte" vor dem Vertragsabschuss übersieht, hat er im schlimmsten Fall jahrelang umsonst Beiträge gezahlt und bekommt nicht die erwartete Rente.

Worauf es beim Vertragsabschluss ankommt

Was eine Berufsunfähigkeitsversicherung im Fall der Fälle tatsächlich leistet, steht schwarz auf weiß in den Vertragsbedingungen.

Die wichtigsten Tarifvereinbarungen sind:

- **Verweisklausel:** Moderne BU-Versicherungen verzichten darauf, den Versicherten auf einen anderen Beruf zu verweisen, wenn er seinem bisher ausgeübten nicht mehr nachgehen kann. Dabei kommt es auf eindeutige Formulierungen an wie z.b. „Berufsunfähigkeit liegt vor, wenn die versicherte Person außer Stande ist, ihrem zuletzt - bei Eintritt des Versicherungsfalls - ausgeübten Beruf nachzugehen". Damit ist der Beruf gemeint, den der Versicherungsnehmer ohne gesundheitliche Beeinträchtigung ausgeübt hat. Ungünstig sind hingegen Verträge, bei denen die Versicherung zahlt, „ ... wenn der Versicherte voraussichtlich dauernd außerstande ist, seinen Beruf oder eine andere Tätigkeit auszuüben, die auf Grund seiner Ausbildung und Erfahrung ausgeübt werden kann und seiner bisherigen Lebensstellung entspricht ... " Dann kann die Versicherung auf eine andere Tätigkeit verweisen.

- **Prognosezeitraum:** Die Frage ist, bei welcher Gesundheitsprognose der Berufsunfähigkeitsfall eintritt. Ungünstig sind Formulierungen wie „ ... wenn der Versicherte voraussichtlich dauernd außerstande ist, seinen Beruf auszuüben." Darunter ist nach geltender Rechtsprechung zu verstehen, dass die Berufsunfähigkeit vermutlich drei Jahre anhalten wird. Damit sind die Versicherten benachteiligt, vor allem dann, wenn sich für einen solch langen Zeitraum keine eindeutige Prognose treffen lässt. Am günstigsten sind Verträge mit konkreten Festlegungen über die Dauer der prognostizierten Berufsunfähigkeit, z.B. wenn ein Arzt sie „ ... auf voraussichtlich sechs Monate ... " prognostiziert.

- **Einfacher Nachweis:** Oft gibt es Streit darüber, ob die Berufsunfähigkeit im erforderlichen Maß nachgewiesen ist, das heißt, ob der Versicherte zu mindestens 50 Prozent invalide ist. Günstig sind deshalb eindeutige Regeln wie:

    - Die Zahlung der BU-Rente erfolgt automatisch, wenn der Versicherte bei der gesetzlichen Pflegepflichtversicherung in die Pflegestufe I eingestuft wird (siehe auch Seite 51 ff.);

- Die Zahlung der BU-Rente erfolgt automatisch, wenn die gesetzliche Rentenversicherung eine Erwerbsminderungsrente bewilligt.
- Bei Beamten: Aus der Bescheinigung der dauerhaften Dienstunfähigkeit folgt automatisch die Zahlung der BU-Rente.
- Sechsmonatige dauerhafte Arbeitsunfähigkeit begründet automatisch das Recht auf Zahlung der BU-Rente.

- **Leistungsbeginn:** Nicht immer lässt sich eine Berufsunfähigkeit sofort feststellen. Meistens warten die Versicherer sechs Monate ab, bevor die Rentenzahlung einsetzt. Eine gute Versicherung zahlt dann rückwirkend ab Beginn der Berufsunfähigkeit. Nur dann gibt es Geld vom ersten Tag an. Das brauchen die Versicherten auch, denn meist fallen am Beginn der Berufsunfähigkeit hohe Untersuchungs- und Behandlungskosten an, die nicht immer alle von der Krankenkasse übernommen werden.

- **Keine oder lange Meldefristen:** Der Versicherte ist verpflichtet, eine Berufsunfähigkeit sofort zu melden. Manche Unternehmen legen Meldefristen fest. Wenn der Versicherte die Berufsunfähigkeit zu spät meldet – etwa weil die Krankheit zunächst unterschätzt wird oder eine erhoffte oder in Aussicht gestellte Besserung nicht eintritt – verliert er Geld, wenn die Meldefrist inzwischen verstrichen ist. Kundenfreundliche Verträge enthalten deshalb keine Meldefristen oder eine sehr lange, meist dreijährige Meldefrist.

- **Stundung der Beiträge:** Während der ärztlichen Prüfung, ob eine Berufsunfähigkeit vorliegt oder nicht, muss der Versicherte in der Regel Einkommenseinbußen hinnehmen. Günstig sind deshalb Verträge, die die Beiträge für diesen Zeitraum zinslos stunden.

- **Nachversicherungsgarantie oder Dynamik:** Besonders junge Kunden sollten nur Verträge abschließen, bei denen der Versicherungsschutz – das heißt die versicherte Rente – später ohne erneute Gesundheitsprüfung aufgestockt werden kann. Dazu können bestimmte Anlässe vereinbart werden: Heirat, Geburt eines Kindes, Gehaltssprung, ein bestimmtes Alter oder der Wechsel in die Selbstständigkeit. Eine andere Form der Erhöhung des Versicherungsschutzes – auch zum Ausgleich der Geldentwertung – ist die Vereinbarung einer automatischen Dynamisierung. Mit regelmäßig steigenden Beiträgen steigt auch der Leistungsanspruch.

- **Dynamik auch im Leistungsfall:** Was nutzt die vereinbarte Rente, wenn sie durch die Inflation entwertet wird? Günstig sind Verträge, die eine Dynamisierung im Leistungsfall vorsehen. Dann steigt die Rente jährlich um ein paar Prozent und der Wertverlust wird ausgeglichen.

- **Befristetes Rücktrittsrecht des Versicherers:** Wenn der Versicherte im Versicherungsantrag versehentlich falsche oder unvollständige Angaben gemacht hat, sollte das Rücktrittsrecht der Versicherung auf fünf Jahre nach Vertragsabschluss befristet sein.

- **Verzicht auf § 19 Versicherungsvertragsgesetz:** Dabei verzichtet der Versicherer auf das Recht, die Beiträge zu erhöhen oder den Vertrag zu kündigen, wenn der Versicherte schuldlos falsche Angaben zu seinem Gesundheitszustand macht, nach dem ihn der Versicherer im Antrag in Textform gefragt hat. Dieser Fall tritt immer dann ein, wenn dem Versicherten zum Zeitpunkt des Vertragsabschlusses ein erhöhtes Risiko oder eine Erkrankung nicht bekannt waren. Dies kann beispielsweise bei einer Diabetes der Fall sein, die bisher noch nicht diagnostiziert worden ist.

- **Befristete Anerkennung:** Aus den Versicherungsbedingungen muss klar hervorgehen, ob der Versicherer die Anerkennung einer Berufsunfähigkeit befristet oder nicht. Eine Befristung kann durchaus im Sinne des Versicherten sein, damit er in den Genuss der Rente kommt, auch wenn noch nicht alle Untersuchungen für eine dauerhafte Anerkennung abgeschlossen sind. Die Befristung wird zum Bumerang, wenn die Versicherung mehrfach hintereinander nur befristete Anerkennungen ausspricht, um sich vor einer dauerhaften Zahlungsverpflichtung zu drücken. Wenn eine Versicherung die Anerkennung befristet, dann muss für den Versicherten klar sein, wie lange und wie oft die Rentenzahlung befristet werden kann. Am besten sind Verträge, die eine einmal festgestellte Berufsunfähigkeit dauerhaft bis zu einer Nachprüfung anerkennen.

- **Nachprüfungsverzicht:** Wenn der Versicherer die Anerkennung der Berufsunfähigkeit befristet, so sollte er zumindest während der befristeten Anerkennung auf eine erneute medizinische Nachprüfung verzichten.

- **Laufzeit und Leistungsdauer:** Die Risikogruppe kann nicht nur beim Beitrag, sondern auch bei der Laufzeit eine Rolle spielen. Einige Unternehmen begrenzen die Laufzeit für Angehörige in riskanten Berufen bis zum 50., 55. oder 60. Geburtstag. Wenn dies der Fall ist, dann sollten Betroffene wenigstens Verträge mit verlängerter Leistungsdauer wählen. Beispiel: Ein Dachdecker bekommt nur einen Vertrag für den Fall der Berufsunfähigkeit vor dem 55. Geburtstag. Tritt dieser Fall ein, zahlt die Versicherung jedoch bis zum 60. Geburtstag eine Rente.

- **Erhalt des Versicherungsschutzes bei zeitweisem Ausscheiden aus dem Beruf:** Wenn Versicherte zeitweise aus dem Beruf ausscheiden – z.B. wegen Kindererziehungszeiten – sollte der Versicherungsschutz in Bezug auf den vorher ausgeübten Beruf erhalten bleiben. Dann kann sich die Versicherung nicht damit herausreden, dass die zeitweilige Hausfrau oder der zeitweilige Hausmann ja ohnehin gerade keinen Beruf ausgeübt hat.

- **Keine Umschulungsverpflichtung:** Mitunter verbinden Versicherungen die Zahlung einer Rente mit der Verpflichtung des Versicherten, sich in einen anderen Beruf umschulen zu lassen. Nach der Umschulung erlischt die Zahlungsverpflichtung des Versicherers, unabhängig davon, ob der Versicherte einen neuen Job gefunden hat oder nicht. Besser sind Verträge ohne Umschulungsverpflichtung.

Ganz wichtig: Die Gesundheitsfragen

Bei der BU-Versicherung stellt der Versicherer - wie auch bei Lebens- und Krankenversicherungen - beim Versicherungsantrag Fragen nach der Gesundheit. Das Unternehmen will wissen, ob der Antragsteller in der Vergangenheit krank war, welche Krankheit er hatte, ob er im Krankenhaus war oder sich ambulanten Behandlungen unterzogen hat. Das ist nur legitim, schließlich muss er wissen, wie hoch das Risiko ist. Dabei kommt es auch auf Kleinigkeiten an, denn mitunter ist der lästige Heuschnupfen lediglich der Vorbote einer Allergie, die sich im schlimmsten Fall zu einer Berufsunfähigkeit ausweiten kann.

Diese Gesundheitsfragen sollte man im eigenen Interesse genau beantworten. Denn der Versicherer kann vom Vertrag zurücktreten, wenn er nachweist, dass die Gesundheitsfragen im Versicherungsantrag falsch oder unvollständig beantwortet wurden. Dann hat man im schlimmsten Fall Jahre lang Beiträge umsonst bezahlt. Weil niemand sich an jede Kleinigkeit erinnern kann, sollten die Fragen nach stationären Behandlungen oder Erkrankungen auf die letzten zehn oder fünf Jahre beschränkt sein.

Gute und günstige BU-Versicherer

Die Anzahl der Ratings und Rankings zu BU-Versicherern ist fast unübersehbar. Dabei zeigt sich, dass die Unternehmen und ihre Leistungen immer besser werden. Dennoch: Die beste BU-Versicherung gibt es nicht. Jeder muss mit Hilfe eines versierten Beraters den passenden Anbieter und Tarif finden.

DIE TOP-TEN BU-VERSICHERUNGEN FÜR EINE BÜROKAUFFRAU[1]

Gesellschaft	BU-Tarifvariante	Netto-Beitrag (Euro)	Brutto-Beitrag (Euro)
Swiss Life	BUZ BG 1 – 3^2 (914 €^{3})	44	45
Hannoversche (NR)	Comfort-BUZ Plus2	44	78
HDI-Gerling	SBU	47	47
Cosmos (NR)	Comfort-Schutz2	49	123
Volkswohl Bund	SBU	50	50
Nürnberger	SBU Comfort	51	68

DIE TOP-TEN BU-VERSICHERUNGEN FÜR EINE BÜROKAUFFRAU[1]

Continentale	BUV Premium	55	55
Dialog	SBU	55	79
Allianz	SBV Vorsorge Plus	56	67
Stuttgarter	BUV-Plus	57	94

[1] Beste Angebote für Bürokauffrau (30; Nichtraucher; 100 Prozent Bürotätigkeit), die sich bis 67 mit 1.000 Euro Monatsrente bei Berufsunfähigkeit absichert. Tabelle geordnet nach Nettobeitrag (gerundet auf volle Euro), monatliche Zahlweise. Nur Tarife mit fünf Sternen (= ausgezeichnet) im M&M-BU-Gesamtrating und Höchstbewertung auch in Teilratings zu Bedingungen und Antragsfragen

[2] keine SBU, nur in Kombination mit Risiko-LV möglich (Versicherungssumme ab 5.000 Euro)

[3] zusätzlich mit prognostizierter Überschussbeteiligung bei Ablauf des BU-Vertrages

DIE TOP-TEN BU-VERSICHERUNGEN FÜR EINEN BÜROKAUFMANN[1]

Gesellschaft	BU-Tarifvariante	Netto-Beitrag (Euro)	Brutto-Beitrag (Euro)
HDI-Gerling	SBU	40	40
Swiss Life	BUZ BG 1 – 32 (831 Euro3)	41	43
Volkswohl Bund	SBU	42	42
Hannoversche (NR)	Comfort-BUZ Plus2	42	76
Cosmos (NR)	Comfort-Schutz2	43	108
Nürnberger	SBU Comfort	45	60
Continentale	BUV Premium	50	50
Aachen-Münchener	SBU	50	75

| Barmenia (NR) | StarBUZ² | 51 | 72 |
| Dialog | SBU | 51 | 73 |

¹ Beste Angebote für Bürokaufmann(30; Nichtraucher; 100 Prozent Bürotätigkeit), der sich bis 67 mit 1.000 Euro Monatsrente bei Berufsunfähigkeit absichert. Tabelle geordnet nach Nettobeitrag (gerundet auf volle Euro), monatliche Zahlweise. Nur Tarife mit fünf Sternen (= ausgezeichnet) im M&M-BU-Gesamtrating und Höchstbewertung auch in Teilratings zu Bedingungen und Antragsfragen
² keine SBU, nur in Kombination mit Risiko-LV möglich (Versicherungssumme ab 5.000 Euro)
³ zusätzlich mit prognostizierter Überschussbeteiligung bei Ablauf des BU-Vertrages

Tipps für preiswerten BU-Versicherungsschutz

- Nicht der Preis (Beitrag) ist entscheidend, sondern die Leistung bei Berufs- oder Erwerbsunfähigkeit.

- Bei BU-Versicherungen immer mehrere Angebote einholen und vergleichen, am besten über einen unabhängigen Makler.

- Je jünger und gesünder der Versicherte bei Abschluss einer BU-Versicherung, umso billiger die Prämie.

- Mit kleinen Versicherungsleistungen anfangen, kostenlose Nachversicherungsoptionen (ohne erneute Gesundheitsprüfung) vereinbaren und Leistung nach und nach erhöhen: bei Eheschließung, Geburt eines Kindes, beruflichem Aufstieg oder Wechsel in die Selbstständigkeit.

- Angebote mit abgesenktem Anfangsbeitrag suchen (z.B. Versicherte bis 29 Jahre).

- Wenn BU-Versicherung zu teuer, dann Erwerbsunfähigkeitsversicherung wählen.

Die private Unfallversicherung

Wie die BU-Versicherung zahlt auch die private Unfallversicherung bei Invalidität, allerdings nur, wenn ein Unfall die Ursache war, nicht bei Invalidität nach einer Krankheit. Insofern ist die Unfallversicherung die zweite Wahl. Trotzdem hat sie ihre Daseinsberechtigung, vor allem für Kinder, für Personen ohne Erwerbstätigkeit sowie für all jene, die aus gesundheitlichen Gründen keinen BU-Schutz erhalten oder diesen nicht bezahlen können.

Was die private Unfallversicherung leistet

Die Versicherung zahlt nach einem Unfall, der zu einer dauerhaften körperlichen Schädigung führt, in der Regel eine einmalige Kapitalabfindung. Seit ein paar Jahren gibt es die Unfallversicherung auch als Unfallrentenversicherung, bei der das Unfallopfer monatlich eine vorher vereinbarte Rente erhält.

Der „Knackpunkt" ist die Unfalldefinition. Ein Unfall liegt vor, „wenn die versicherte Person durch ein plötzlich von außen auf den Körper wirkendes Ereignis (Unfallereignis) unfreiwillig eine Gesundheitsschädigung erleidet". Nur wenn alle Kriterien zutreffen („plötzlich", „von außen", „unfreiwillig" und „Gesundheitsschaden"), also eine dauerhafte Schädigung vorliegt, zahlt die Unfallversicherung. Damit sind z.B. Schädigungen durch einen Sturz von der Leiter oder nach einem Verkehrsunfall versichert.

Wann die Unfallversicherung nicht zahlt

Etwas klarer wird das Gesetzesdeutsch dieser Definition dann, wenn man sich vor Augen führt, was kein Unfall und damit nicht versichert ist, z.B.

- Erfrierungen und Gesundheitsschäden durch Umwelteinflüsse (weil nicht plötzlich);
- Vergiftungen (weil nicht von außen einwirkend);
- Selbstverstümmelung (weil nicht unfreiwillig);
- restlose Ausheilung von Knochenbrüchen (weil nicht dauerhaft).

Außerdem schließen die meisten Unfallversicherungen bestimmte Risiken von vornherein aus:

- Unfälle durch „Geistes- und Bewusstseinsstörungen", etwa wenn der Versicherte betrunken war;

- Unfälle, die durch Schlaganfälle, epileptische Anfälle oder Ohnmachten verursacht waren;
- Unfälle, die sich bei der Teilnahme an Auto-, Motorrad- oder Motorsportrennen bzw. -trainings ereignen;
- Unfälle bei der Benutzung von Luftsportgeräten aller Art;
- Bleibende psychische Störungen nach einem Unfall;
- Bandscheibenvorfälle, Meniskusverletzungen, Bauch- und Unterleibsbrüche und Infektionen, es sei denn, sie sind durch gewaltsame äußere Einwirkungen entstanden;
- Unfälle beim Verüben einer Straftat;
- Unfälle im Krieg oder Bürgerkrieg, es sei denn, der Versicherte wurde während eines Auslandsaufenthalts vom Kriegsausbruch überrascht.

Die Leistung hängt vom Grad der Invalidität ab

Wenn die Versicherung einen Unfall anerkannt hat, richtet sich die Zahlung nach dem Grad der Invalidität. Die meisten Versicherer wenden dazu die „Gliedertaxe" an. Bei Verlust oder Funktionsunfähigkeit bestimmter Körperteile und Sinnesorgane gelten folgenden Invaliditätsgrade:

Arm bis Schultergelenk:	70 Prozent
Arm bis oberhalb des Ellenbogengelenks:	65 Prozent
Arm unterhalb des Ellenbogengelenks:	60 Prozent
Hand bis Handgelenk:	55 Prozent
Daumen:	20 Prozent
Zeigefinger:	10 Prozent
Andere Finger:	5 Prozent
Bein über der Mitte des Oberschenkels:	70 Prozent
Bein bis zur Mitte des Oberschenkels:	60 Prozent
Bein bis unterhalb des Knies:	50 Prozent
Bein bis zur Mitte des Unterschenkels:	45 Prozent

Fuß bis Fußgelenk:	40 Prozent
Große Zehe:	5 Prozent
Andere Zehe:	2 Prozent
Auge:	50 Prozent
Gehör auf einem Ohr:	30 Prozent
Geruchssinn:	10 Prozent
Geschmackssinn:	5 Prozent

Praktisch heißt dies: Hat sich der Heimwerker mit der Kreissäge den Daumen amputiert, bekommt er nicht die volle Invaliditätssumme, sondern eine Leistung, die einem Invaliditätsgrad von 20 Prozent entspricht. Das mag noch angehen, denn auch ohne Daumen wird er vermutlich seiner Erwerbstätigkeit nachgehen können. Der Koch, der durch einen Unfall seinen Geschmackssinn einbüßt, ist nur zu fünf Prozent invalide, muss aber seinen Job aufgeben. Eine Berufsunfähigkeitsversicherung wäre in diesem Fall die bessere Wahl gewesen.

Welche Unfallversicherungen gibt es?

Unfallversicherungen sind äußerst vielfältig. Im Wesentlichen kann man drei Tariftypen unterscheiden:

- **Lineare Tarife:** Der Versicherte erhält bei Unfall eine seinem Invaliditätsgrad entsprechende Leistung. Z.B. bei einer Versicherungssumme von 50.000 Euro und einem Invaliditätsgrad von 50 Prozent 25.000 Euro, bei 75 Prozent Invalidität 37.500 Euro.

  Vorteil: Geringer Beitrag.

  Nachteil: Bei hohen Invaliditätsgraden ist die Leistung gering.

- **Mehrleistungstarife:** Von einem bestimmten Invaliditätsgrad an – z.B. 50 und 75 Prozent – verdoppelt bzw. verfünffacht sich die Leistung. Bei einer Versicherungssumme von 50.000 Euro zahlt die Versicherung bei 50 Prozent Invalidität 50.000 Euro aus, bei 75 Prozent 187.500 Euro.

Vorteil: Deutlich höhere Leistungen bei existenzbedrohenden Invaliditätsgraden als beim Lineartarif.

Nachteil: Bei Invaliditätsgraden knapp unterhalb der Mehrleistungsschwelle kommt der Versicherte deutlich schlechter weg. In dem Beispiel werden für 70 Prozent Invalidität nur 50.000 Euro gezahlt.

- **Progressionstarife:** Die Leistungskurve steigt mit zunehmendem Invaliditätsgrad überproportional an. Bei 50 Prozent Invalidität zahlt die Versicherung dann schon 100 Prozent (50.000 Euro), bei 75 Prozent 300 Prozent (150.000 Euro) und bei 100 Prozent Invalidität 500 Prozent (250.000 Euro) der vereinbarten Versicherungssumme von 50.000 Euro.

Vorteil: Ein existenzielles Risiko bei hohen Invaliditätsraten wird dabei am besten abgesichert. Unter Preis-Leistungs-Gesichtspunkten sind Progressionstarife anderen Tarifvarianten überlegen.

Nachteil: Teuerste Variante

Wonach richtet sich der Beitrag?

Außer von der Tarifvariante ist der Beitrag von der Gefahrengruppe abhängig. Das heißt, Frauen und Männer mit wenig gefährlichen Tätigkeiten – wie z.B. Beamte oder Angestellte – zahlen weniger als Männer mit gefahrgeneigten Berufen wie z.B. Kraftfahrer oder Bauarbeiter. Frauen werden fast immer in die Gruppe mit den wenig gefährlichen Tätigkeiten eingeordnet.

Nützliche Extras

Einige Unternehmen bieten automatisch Leistungserweiterungen an. Beispielsweise die Übernahme von Bergungskosten oder für kosmetische Operationen bis zu einer bestimmten Obergrenze. Die Bergungskosten können z.B. für Skisportler wichtig sein. Die kosmetische Behebung optischer Beeinträchtigungen nach einem Unfall ist ansonsten in der Gliedertaxe nicht versichert. Manche Unternehmen bieten Versicherten über 65 Jahren an, bei Invalidität nach einem Unfall zwischen einer einmaligen Kapitalauszahlung und einer Rente zu wählen.

Neu sind Unfallversicherungen mit Assistance-(Hilfe-)Leistungen nach Unfällen. Sie werden sowohl für Seniorenpolicen (siehe unten) als auch für „Normalpolicen" angeboten.

Kapital für den Notfall

Die Kapitalabfindung wird meist benötigt, um bei Invalidität Investitionen vornehmen zu können, die das Leben mit der Behinderung erleichtern. Dies können der behindertengerechte Umbau der Wohnung und die behindertengerechte Umrüstung des Autos sein. Solche Investitionen können im Einzelfall mehrere zehntausend Euro kosten.

Unfallversicherungen für Senioren

In den vergangenen Jahren haben viele Versicherer spezielle Unfallpolicen für Senioren auf den Markt gebracht. Sie entsprechen mit einem veränderten Unfallbegriff und erweiterten Leistungen den Bedürfnissen älterer Menschen, für die eine herkömmliche Unfallversicherung keine oder nur mangelhaften Schutz darstellt.

Auf diese Leistungen sollte achten, wer älter als 50 Jahre ist:

- **Unfallbegriff:** Seniorentarife gehen über die klassische Unfalldefinition hinaus. Die Versicherung zahlt auch bei Oberschenkelhalsbruch, ohne dass er selbst Unfallursache sein muss, sowie bei Unfällen durch Schlaganfall oder Herzinfarkt, wobei Gesundheitsschäden, die durch diese Ereignisse bewirkt wurden, nicht versichert sind. Manche Versicherer schließen zudem noch Lebensmittelvergiftungen, Bewusstseinstrübungen durch Medikamente oder die Folgen von Zeckenbissen (Borreliose und FSME-Infektionen) ein.

- **Verbesserte Gliedertaxen:** Die Tarife sehen höhere Invaliditätsgrade bei Verlust von Gliedmaßen und Organen vor, so dass die Voraussetzung für eine Leistung eher erreicht wird. Alternativ kann die Leistung bei konventioneller Gliedertaxe schon unterhalb der üblichen 50 Prozent Invalidität einsetzen.

Die private Unfallversicherung

- **Eintrittsalter und Laufzeit:** Auch jenseits der Altersgrenze 65 ist noch der Abschluss einer Senioren-Unfallversicherung möglich. Die Laufzeit sollte nicht begrenzt sein.

- **Gesundheitsfragen:** Ideal sind Verträge, die auf Gesundheitsfragen gänzlich verzichten oder diese auf wenige einschränken.

- **Vorerkrankungen:** Der Versicherer zieht erst bei hohen Invaliditätsgraden die Vorerkrankungen zur Bemessung der Leistung heran.

- **Geldleistungen:** Die Kombination zwischen Kapital- und Rentenzahlung bzw. ein Wahlrecht gehört bei guten Anbietern zum Standard, wobei die Kapitalzahlung bereits bei geringen Gesundheitsschäden einsetzen und mit dem Grad der Invalidität steigen sollte. Reine Rentenzahlungen – die konventionelle Policen für ältere Kunden meist vorsehen – nutzen Betagten wenig, der Versicherung hingegen viel. Nicht selten werden nach einem Unfall mit bleibenden Gesundheitsschäden auch der behindertengerechte Umbau der Wohnung oder des Fahrzeugs benötigt.

- **Zusätzliche Sofortleistungen:** Eine Verdoppelung oder Verdreifachung der Rente bei Schwerstpflegebedürftigkeit bzw. bei andauernden Invaliditätsgraden über 70 Prozent sind hilfreich, ebenso wie Sonderleistungen für den behindertengerechten Umbau von Haus und Auto.

- **Assistance-Leistungen:** Sofern die Leistungsfähigkeit des Versicherten durch ein versichertes Ereignis so weit beeinträchtigt ist, dass er für gewöhnliche Verrichtungen des Alltags Hilfe benötigt, erhält er Unterstützung. Standard-Hilfsleistungen sind Hausnotruf, Menüdienst, Einkaufsservice, Begleitdienst für Gänge bzw. Fahrten zu Arzt oder Behörden, Wohnungsreinigung und Wäschedienst. Sinnvoll sind auch integrierte Pflegeleistungen bei Pflegebedürftigkeit nach einem Unfall, die sich auf die Grundpflege erstrecken.

- **Beratungsleistungen:** Pflegeberatung wird immer wichtiger, wenn man bedenkt, dass die Angehörigen in der Regel ähnlich betagt wie das Unfallopfer bzw. in diesen Dingen meist gänzlich unerfahren sind. Ähnliches gilt für Beratungsleistungen für die Auswahl von Ärzten,

Kliniken und Reha-Einrichtungen, bei der Klärung von Ansprüchen gegenüber Sozialversicherungsträgern.

Die besten Unfallversicherungen

Sehr guten Schutz bieten folgende private Unfallversicherungen, die von der Stiftung Warentest vor allem auf Basis ihres Preis-/Leistungsverhältnisses das Urteil „Sehr gut" erhielten:

UNFALLVERSICHERUNGEN MIT DEM URTEIL „SEHR GUT"

Versicherer	Tarif	Jahresbeitrag (Euro)
Haftpflichtkasse Darmstadt	P 500 (Top 2005 Plus)	356
Ammerländer	P 300 (Exclusiv)	226
Ammerländer	P 350 (Exklusiv)	247
Ammerländer	P 500 (Exklusiv)	280
Haftpflichtkasse Darmstadt	P 350 (Top 2005 plus)	323
Interrisk	P 300 (AUB99-XL)	202
Interrisk	P 300 (AUB99-XXL)	228
NV	P 350 (UnfallMaxx)	230
NV	P 500 (unfallMaxx)	228

Versicherungssumme mindestens 100.000 Euro, Todesfallsumme mindestens 10.000 Euro, Progression bis 500 Prozent, Tarif für Männer mit ungefährlichen Berufen

Tipps für preiswerten Unfall-Versicherungsschutz

- Die Beitragsunterschiede sind sehr groß, deshalb Preise und Leistungen mehrerer Anbieter vergleichen.

- Mindestens 100.000 Euro Versicherungssumme vereinbaren. Tarife mit Progression haben das beste Preis-/Leistungsverhältnis.

- Spezielle Angebote suchen, z.b. für Kinder und Jugendliche bis 18 Jahre, Männer mit Berufen in höheren Gefahrengruppen oder Frauen.

- Bei Familienpolicen gewähren viele Versicherer Rabatt.

- Günstig sind auch Gruppenverträge über den Arbeitgeber oder über einen Verein. Allerdings muss dabei die Leistung ausreichend sein.

- Übergangsgeld, Tage- und Genesungsgeld sind Extras, die eine Unfallversicherung teuer machen. Arbeitnehmer mit Lohnfortzahlung im Krankheitsfall und Beamte können darauf verzichten, Selbstständige und Freiberufler nicht.

- Bei Assistanceleistungen darauf achten, dass der Versicherer nicht nur die Hilfe organisiert, sondern auch bezahlt.

- Spätestens im Alter von 60 Jahren die alte private Unfallversicherung kündigen und in einen leistungsstarken Seniorentarif wechseln.

- Unfallversicherungen mit Beitragsrückgewähr meiden, sie sind unnötig teuer.

Versicherungen gegen schwere Krankheiten

Eine neue Form der Invaliditätsversicherung stellt die Versicherung gegen schwere Krankheiten dar – Englisch: Dread Disease.

Bei den Dread Disease Policen handelt es sich im Wesentlichen um Kapitallebensversicherungen mit der Besonderheit, dass die Versicherung nicht nur im Todesfall und im Erlebensfall, also bei Ablauf des Vertrages, sondern auch bei Eintritt einer schweren Krankheit vor Ablauf des Vertrages eine Kapitalabfindung in Höhe der bei Vertragsabschluss vereinbarten Summe zahlt.

Welche Krankheiten versichert sind

In Deutschland gibt es bisher erst knapp zehn Anbieter von Dread Disease Policen. Im Leistungsumfang der meisten Versicherungen enthalten sind folgende Krankheiten:

- Krebs
- Herzinfarkt
- Schlaganfall
- Multiple Sklerose
- Nierenversagen
- Bypass-Operationen

Manche Unternehmen bieten noch weiter gehende Absicherung, z.B. bei

- Herzklappenoperationen
- Transplantation von Hauptorganen
- Lebererkrankungen
- Lungenerkrankungen
- Querschnittslähmung
- fortgeschrittener Alzheimer Krankheit
- fortgeschrittener Parkinsonsche Krankheit
- schweren Verbrennungen
- Taubheit
- Blindheit
- HIV-Infektionen durch Bluttransfusionen oder als Folge bestimmter beruflicher Tätigkeiten

Was eine Dread Disease Police leistet

Die Versicherung zahlt bei Eintritt der versicherten Krankheit und/oder bei Tod des Versicherten die vereinbarte Versicherungssumme aus. Im Todesfall leistet diese Versicherung einen Beitrag zur Absicherung der Hinterbliebenen. Da dieser Ratgeber sich mit der persönlichen Sicherheit befasst, bleibt dieser Aspekt außerhalb der Betrachtung. Wichtig ist, was eine Dread Disease Police bei einer schweren Erkrankung für den Versicherten leistet.

Von der Kapitalzahlung können Versichert beispielsweise

- aufwändige **Therapien**, Aufenthalte in Spezialkliniken oder kostenintensive Rehabilitationsmaßnahmen bezahlen, für die die Krankenversicherung nicht aufkommt;

- **Verdienstausfälle** für die Dauer der Krankheit und der Rehabilitation über die Lohnfortzahlung und das Krankengeld hinaus ausgleichen;

- Verdienstausfälle bei **Berufs- oder Erwerbsunfähigkeit** teilweise kompensieren;

- den kostspieligen **behindertengerechten** Umbau von Haus, Wohnung oder Fahrzeug finanzieren;

- den Einsatz spezieller **Pflegekräfte** finanzieren.

Verträge richtig abschließen

Keinen Zweck hat es, eine Dread Disease Police abzuschließen, wenn die Krankheit bereits am Horizont erscheint. Wer z.B. eine Bypass-Operation in absehbarer Zeit erwartet, geht trotz rasch abgeschlossenem Vertrag leer aus. Denn die Versicherungen sehen eine Wartezeit von mindestens drei Monaten vor.

Schärfer als bei Lebens- und Berufsunfähigkeitsversicherungen fällt bei den Dread Disease Versicherungen die Gesundheitsprüfung aus. Erfragt werden nicht nur die eigenen Vorerkrankungen, Ess-, Rauch- und Trinkgewohnheiten sowie sonstige Laster, sondern auch Erkrankungen der Eltern. Wenn Vater oder Mutter vor Rentenbeginn einen Herzinfarkt erlitten oder an Diabetes erkrankten, ist dies Grund für eine höhere Risikoklasse, selbst bei sehr gesundheitsbewusstem Lebenswandel des Antragstellers. Unterschiede gibt es bei den Leistungen. Die meisten Versicherungen zahlen nur einmal – entweder bei Tod oder bei versicherter schwerer Krankheit als vorgezogene Leistung. Mit der vorgezogenen Leistung endet der Vertrag. Für die eigene Absicherung reicht das aus. Eine andere Vertragsart zahlt indes zweimal: Zunächst, wenn der Versicherte schwer erkrankt und dann ein zweites Mal, wenn der Versicherte z.B. die ersten 14 oder 30 Tage nach der Diagnose überlebt und danach stirbt. Dann haben die Angehörigen etwas davon. Auch Verträge, die die Todesfallsumme bei Lebenserwartungen unter zwölf Monaten vorzeitig auszahlen, sind auf dem Markt.

> **! EIGENSTÄNDIGER VERTRAG ODER ZUSATZVERSICHERUNG ? !**
>
> Dread Disease Policen werden als eigenständige Verträge oder als Zusatzversicherungen zu Risiko- oder Kapitallebensversicherungen angeboten. Wer keine Angehörigen abzusichern hat, ist mit einem eigenständigen Vertrag am besten bedient, weil kein Beitragsanteil für den Todesfall reserviert werden muss. Als Zusatzversicherung ist die Risikolebensversicherung als Hauptvertrag vorzuziehen, weil bei einer Kombination mit einer Kapitallebensversicherung ausreichende Leistungen nur gegen sehr hohe Beiträge vereinbart werden können.

Die private Krankenversicherung

Kasse oder Privatversicherung? Die meisten Menschen haben gar keine Wahl. Sie sind in der gesetzlichen Krankenversicherung (GKV) pflichtversichert. Dies betrifft alle Arbeitnehmer bis zu einem Bruttoeinkommen von 49.950 Euro pro Jahr bzw. 4.162,50 Euro monatlich. Bei diesen Werten liegt die Versicherungspflichtgrenze im Jahr 2010. Wer mehr verdient, kann die gesetzliche Krankenversicherung verlassen und in die private Krankenversicherung (PKV) übertreten, allerdings bisher nur, wenn er die

Pflichtversicherungsgrenze drei Jahre in Folge übertrifft. Das kann sich möglicherweise ändern, denn die Regierungskoalition hat vereinbart, dass diese Übertrittshürde abgemildert werden soll. Die Möglichkeit zur privaten Krankenversicherung haben außerdem Beamte, Selbstständige und Freiberufler unabhängig von ihren Bezügen.

Wer die Chance zum Wechsel in die Privatversicherung hat, sollte diese Möglichkeit prüfen. Vor allem für junge und gesunde Menschen ist die Privatversicherung oftmals billiger als die gesetzliche Versicherung – bei deutlich besseren Leistungen.

Systemunterschied beachten

Doch ein Wechsel von der GKV zur PKV will gut überlegt sein. Das Prinzip der Privatversicherung beruht darauf, dass jeder sein individuelles Gesundheitsrisiko versichert. Es ist damit ein ganz anderes als bei der gesetzlichen Versicherung, die auf dem Solidarprinzip beruht: Junge zahlen für Alte, Gesunde für Kranke.

Ein weiterer gravierender Unterschied: In der GKV sind nicht berufstätige Ehepartner und die Kinder im Rahmen der Familienversicherung bisher noch beitragsfrei mitversichert. Bei der PKV benötigt jedes Familienmitglied einen eigenen Vertrag. Deshalb kann es für einen privat versicherten Familienvater in der Summe teurer werden als bei der gesetzlichen Versicherung. Das muss aber nicht so sein. Bei einem jungen Selbstständigen, dessen Frau berufstätig und damit pflichtversichert ist, ist der Übertritt zur PKV auch mit Kindern in der Regel günstiger als die Kasse. Dies trifft auch für Beamte mit Familie zu.

Unterschiede zwischen Kassen und Privatversicherung

Wer als Angestellter die Wahl zwischen Kasse und Privatversicherung hat und zur Privatversicherung wechselt, trifft eine Entscheidung fürs Leben. Denn ein Zurück zur Kasse gibt es nur in Ausnahmefällen. Die Leistungsvorteile der Privatversicherung gegenüber den Kassen sind überzeugend. Die wichtigsten Unterschiede zwischen Gesetzlicher Krankenversicherung (GKV) und Privater Krankenversicherung (PKV):

Wer kann Mitglied werden?

GKV: Alle Versicherungspflichtigen oder freiwillig Versicherten, Arbeitslose, Selbstständige bei bestimmten Voraussetzungen.

PKV: Selbstständige, Beamte sowie Angestellte mit Jahreseinkommen ab 49.950 Euro bzw. 4.162,50 Euro monatlich (2010).

Wie wird der Beitrag berechnet?

GKV: Mit dem Einheitssatz der Kassen in Höhe von 14,9 Prozent (vorgesehen ist eine Erhöhung auf 15,5 Prozent) vom Einkommen bis zur Beitragsbemessungsgrenze. Sie liegt im Jahr 2010 bei 45.000 Euro jährlich bzw. 3.750 Euro monatlich. Hinzu können kassenabhängige Zuschläge kommen, meist acht Euro monatlich, maximal 1,0 Prozent des beitragspflichtigen Einkommens.

PKV: Richtet sich nach dem Tarif, den Leistungen, dem Eintrittsalter, dem Geschlecht und dem Gesundheitszustand des Versicherten.

Was zahlt der Arbeitgeber bei Angestellten hinzu?

GKV: Beim allgemeinen Beitragssatz von 14,9 Prozent trägt der Arbeitgeber 7,0 und der Arbeitnehmer 7,9 Prozent (+ 0,9 Prozent für Zahnersatz).

PKV: Zuschuss in Höhe der Hälfte des Beitrags bis zur Höchstgrenze von 257,25 Euro monatlich (2010).

Kann der Versicherte den Beitrag beeinflussen?

GKV: Nein.

PKV: Ja, durch die Tarifwahl. Durch die Vereinbarung von Selbstbehalten sind Beitragssenkungen möglich.

Was gilt für Familienangehörige?

GKV: Ehepartner und Kinder ohne eigenes Einkommen sind beitragsfrei mitversichert.

PKV: Jedes Familienmitglied benötigt einen eigenen Vertrag.

Können Versicherte vom Beitrag befreit werden?

GKV: Ja, wenn Kranken-, Mutterschafts- oder Erziehungsgeld gezahlt wird.

PKV: Nein.

Welchen Umfang hat der Versicherungsschutz?

GKV: 95 Prozent der Kassenleistungen sind gesetzlich festgelegt. Was über Kassenstandard hinausgeht, muss der Patient allein tragen. Vor allem beim Zahnersatz sind Eigenbeiträge üblich.

PKV: Die Leistungen können je nach Tarif vereinbart werden.

Wo können sich Versicherte behandeln lassen?

GKV: Bei allen Kassenärzten.

PKV: Freie Wahl unter allen Ärzten.

Welches Krankenhaus können Versicherte wählen?

GKV: Kassenpatienten werden in das nächstgelegene geeignete Krankenhaus eingeliefert, die Unterbringung erfolgt im Mehrbettzimmer.

PKV: Privatversicherte haben die freie Krankenhauswahl. Eine Behandlung durch den Chefarzt oder die Unterbringung im Ein- oder Zweibettzimmer kann vereinbart werden.

Wie wird die Zahnbehandlung bezahlt?

GKV: Kostenerstattung zu 100 Prozent für zugelassene Leistungen, Amalgamfüllungen, bei Inlays in Höhe der Kosten für Amalgamfüllungen.

PKV: Je nach Tarif bis zu 100 Prozent der Kosten, in den ersten Jahren meist Obergrenzen.

Was gilt für Zahnersatz?

GKV: Keine Kostenerstattung mehr.

PKV: Je nach Wahl des Tarifs sind Kostenerstattungen bis 90 Prozent möglich. Für die ersten Jahre nach Vertragsabschluss können gestaffelte Höchstbeträge gelten.

Was müssen Patienten für medizinische Leistungen dazu bezahlen?

GKV: Es gelten Zuzahlungsregeln für Heil- und Hilfsmittel, Arzneimittel, Aufenthalt im Krankenhaus sowie Krankentransport.

PKV: Patienten müssen generell nichts zuzahlen, es sei denn, es wurden Selbstbeteiligungen oder Leistungsobergrenzen vereinbart.

Was gilt bei Brillen?

GKV: Seit 2004 Bezahlung nur noch bei schweren Sehstörungen sowie für Personen bis zum Alter von 18 Jahren.

PKV: Kostenerstattung bis zu vereinbarten Höchstgrenzen pro Jahr.

Wie werden Vorsorgeuntersuchungen bezahlt?

GKV: Die Kassen bezahlen ausgewählte Untersuchungen zur Früherkennung von Herz- und Kreislauferkrankungen, Nierenerkrankungen, Diabetes und Krebs von einem bestimmten Alter an.

PKV: Kostenerstattung für alle zur Früherkennung von Krankheiten geeigneten Untersuchungen oder analog zur Kassenpraxis, aber ohne Altersbeschränkung.

Wird die Konsultation des Heilpraktikers bezahlt?

GKV: Keine Kostenübernahme für Heilpraktikerleistungen.

PKV: Erstattung der Kosten, aber unter Beachtung des Tarifs mit unterschiedlichen Obergrenzen oder eingeschränkt auf bestimmte Verfahren.

Was gilt für Behandlungen beim Psychotherapeuten?

GKV: Bis zu 300 Sitzungen je Behandlung bei Ärzten oder Psychotherapeuten nach vorheriger Genehmigung durch die Kasse.

PKV: Je nach Tarif mit begrenzter oder unbegrenzter Sitzungszahl und meist nach Genehmigung durch die Versicherung.

Wie wird mit dem Arzt abgerechnet?

GKV: Nach dem Sachleistungsprinzip. Die Abrechnung findet zwischen dem Arzt und der Kasse statt.

PKV: Nach dem Kostenerstattungsprinzip. Der Patient bezahlt zunächst die Rechnung des Arztes und bekommt vom Versicherer die Kosten für jene Leistungen erstattet, die tariflich vereinbart waren.

Was gilt bei Behandlungen im Ausland?

GKV: Behandlung auf Auslandskrankenschein nur in der EU und in Ländern, mit denen ein Sozialversicherungsabkommen besteht. Versicherungsschutz besteht in dem Umfang, wie ihn GKV-Mitglieder im Gastland erhalten.

PKV: Unbegrenzte Kostenerstattung in Europa, im sonstigen Ausland bis zu zwei Monaten.

Wie entwickeln sich die Beiträge?

GKV: Die Beiträge steigen mit den Einkünften. Es gibt keine altersbedingten Beitragserhöhungen.

PKV: Beitrage können steigen, wenn Leistungen häufiger beansprucht werden und die Kosten im Gesundheitswesen steigen.

Wie der Wechsel von der Kasse zum Privatversicherer funktioniert

Wer von der Kasse zur Privatversicherung wechseln möchte, muss Einiges beachten. Bei den meisten privaten Krankenversicherern müssen die Patienten eine Wartezeit hinnehmen. Sie beträgt für ambulante und stationäre Behandlungen allgemein drei Monate, für Zahnbehandlungen acht Monate. Diese Wartezeit muss jedoch nicht aussitzen, wer mindestens für diesen Zeitraum in der gesetzlichen Krankenversicherung versichert war und wenn die private Krankenversicherung nahtlos an die Kassenmitgliedschaft anschließt. Wechselwillige sollten deshalb erst bei der Kasse kündigen, wenn eine private Krankenversicherung verbindlich den Versicherungsschutz zugesagt hat.

Entsteht eine Lücke zwischen Mitgliedschaft in der Kasse und Vertragsbeginn bei der Privatversicherung, greift die Wartezeit. Das sind „leistungsfreie Zeiten", in denen Versicherte zwar Beiträge bezahlen müssen, die Versicherung jedoch keine Kosten erstattet. Ist die Krankheit oder Behandlung Folge eines Unfalls, zahlt die Versicherung jedoch auch während der Wartezeit. Einige Unternehmen verzichten jedoch auf Wartezeiten oder legen beim Zahnersatz Höchstbeträge für die ersten Versicherungsjahre fest.

Günstige Krankenversicherungen finden

Bei privaten Krankenversicherungen, insbesondere bei den Vollversicherungen, herrscht Vielfalt. Kaum ein Tarif gleicht dem anderen. Deshalb gibt es weder „gute" noch „schlechte" Tarife, sondern nur passende oder unpassende. Der Tarif muss sowohl den Wünschen als auch den finanziellen Möglichkeiten des Versicherten entsprechen. Die private Krankenvollversicherung ist sehr beratungsintensiv und Interessenten sollten vor der Unterschrift unbedingt mehrere Angebote einholen und dies unverbindlich. Am besten ist der Gang zu einem versierten Makler, der mehrere Gesellschaften und deren Tarife kennt und diese auch beurteilen kann. Einen – allerdings nur sehr groben - Anhaltspunkt bieten Tarifvergleiche und Rankings wie dieser:

KRANKENVERSICHERUNGSTARIFE MIT DER BESTEN BEWERTUNG

Versicherer	Tarif	SB	Mann*	Frau*
Grundschutz				
AXA	140-N, 344-N, Vital-Z-N	0 Euro	455,29 Euro	-
AXA	140-N, 344-N, Z Pro-N, 350 E-N	0 Euro	-	544,35 Euro
Deutscher Ring	Esprit MX, PIT, Futura	900 Euro	226,52 Euro	325,04 Euro
Gothaer	MediVita, MediNatura, MediVita Z90	250 Euro	278,39 Euro	437,45 Euro
Hanse Merkur	Start FIT, KVE, VKEH	0 Euro	317,48 Euro	397,50 Euro

Die private Krankenversicherung

Versicherer	Tarif	SB	Mann*	Frau*
Münchener Verein	Bonus Care Classic, Opti Select	0 Euro	354,82 Euro	431,59 Euro
Universa	A Stufe 80, ST Stufe 2/100, ZA90, KU	20 %, max. 500 Euro	399,31 Euro	538,37 Euro
Standardschutz				
Arag	21P90, 240, 529	10 %, max. 500 Euro	453,80 Euro	553,02 Euro
AXA	Vital-N, Vital-Z-N, 350E-N	300 Euro	341,08 Euro	515,68 Euro
Deutscher Ring	Esprit X, Futura, PIT	900 Euro	280,65 Euro	397,65 Euro
Hanse Merkur	ProFit, VKE, ASZG, PS3, PS2	0 Euro	429,37 Euro	514,87 Euro
R+V	AGIL comfort	0 Euro	356,73 Euro	414,60 Euro
Top-Schutz				
Allianz	AktiMed Best 90	10 %, max. 1.500 Euro	418,74 Euro	520,29 Euro
Arag	21P70, 220, 529	30 %, max. 1.500 Euro	404,01 Euro	488,14 Euro
Mannheimer	Purisma Max, VPremP	0 Euro	646,39 Euro	701,24 Euro
R+V	AGIL premium	0 Euro	441,30 Euro	549,46 Euro

* Monatlicher Tarifbeitrag, Eintrittsalter 35 Jahre, Tarife mit Höchstnote „FFF" im Rating von Franke & Bornberg, Stand: April 2010.

Auf Beitragsstabilität achten

Neben den Leistungen eines Tarifs und dem Beitrag sollte die Beitragsstabilität, die der Krankenversicherer bietet, eine Rolle bei der Auswahl spielen. Zwar richtet sich der Beitrag in der PKV anders als in der GKV nicht nach dem Einkommen, sondern vor allem nach dem Alter und Gesundheitszustand des Versicherten bei Vertragsabschluss. Die Unternehmen erhöhen jedoch immer wieder die Beiträge, vor allem dann, wenn die Kosten im Gesundheitswesen und innerhalb des Tarifs steigen. Diese Erhöhungen sind nicht unerheblich und können auf Dauer zur Belastung werden.

DIE BEITRAGSSTABILSTEN TARIFE[1]

Anbieter	Gesamtbeitrag[2]	Tarife	SB-Art[3]
Für Männer			
Deutscher Ring	459 Euro	Comfort+, PIT	540 P
HanseMerkur	489 Euro	ASZG, PS2, PS3	0
Für Frauen			
Bayerische Beamten Krankenkasse	474 Euro	A 840, S2, S3, Z 90/60	840 A
DEVK	497 Euro	AM-V2, ST-V2, ST-V3, ZE-V	650 A
Landeskrankenhilfe	515 Euro	110, 200, 192	540 P
HanseMerkur	553 Euro	ASZG, PS2, PS3	0

[1] PKV für Mann bzw. Frau (40); Arbeitnehmer; SB: 0 bis 1.200 Euro mit Optimierung; mindestens Chefarztbehandlung im Zweibettzimmer, mindestens 80 Prozent Erstattung für Zahnbehandlung und 60 Prozent für Zahnersatz; Pflegepflichtversicherung; Versicherungsbeginn: 1. Juli 2010; nur bundesweite Anbieter

[2] ohne Arbeitgeberzuschuss, aber mit Pflege-Pflichtversicherung; gerundet auf einen Euro

[3] Selbstbehalt : A = absolut; P = prozentual

Tipps für preiswerten Krankenversicherungsschutz

In bestimmten Grenzen können Versicherte die Kosten für ihren privaten Krankenversicherungsschutz beeinflussen. Das ist möglich durch folgende Maßnahmen:

- Private Krankenversicherungen möglichst in jungen Jahren und bei bester Gesundheit abschließen. Dann sind die Neubeiträge am niedrigsten.

- Vor Vertragsabschluss überlegen, welche Leistungen wirklich wichtig sind. Muss es das Einbettzimmer im Krankenhaus sein oder tut es auch die Unterbringung im Zweibettzimmer?

- Selbstbehalt vereinbaren, das senkt den Beitrag.

- Kleinere ärztliche Leistungen aus eigener Tasche bezahlen. Wer innerhalb eines Kalenderjahres seine Versicherung nicht in Anspruch nimmt, bekommt meist Beiträge zurück erstattet.

- Wenn die Beiträge nicht mehr bezahlbar sind: Wechsel in einen preiswerteren Tarif, möglichst beim gleichen Versicherer. Soll der Versicherer gewechselt werden, geht ein Teil der Alterungsrückstellung verloren.

- Auch eine Erhöhung der Selbstbeteiligung und die Reduzierung von Leistungen führt zur Senkung des Beitrags oder mildert die Beitragserhöhung ab.

- Wenn gar nichts mehr geht: Wechsel in den Basistarif. Der kostet allerdings genau so viel wie der Höchstbeitrag in der gesetzlichen Krankenversicherung (derzeit rund 550 Euro monatlich) und bezahlt werden auch nur Leistungen auf Kassenniveau.

Private Zusatzversicherungen für Kassenmitglieder

Auch wer nicht in die private Vollversicherung wechseln kann, muss auf privatärztliche Behandlung nicht verzichten. Er kann als Kassenmitglied private Zusatzversicherungen abschließen, die die Leistungen der Kassen ergänzen oder aufbessern. Teilweise können sie damit auch den Status von Privatpatienten erlangen.

Die wichtigsten Zusatzversicherungen sind:

- **Zahnzusatzversicherung:** Die Versicherung übernimmt je nach Tarif 75, 80 oder 100 Prozent der Kosten für Zahnersatz, Inlays und Implantate. Versichert sind dabei Zahnarzthonorar, Material- und Laborkosten.

- **Ambulante Zusatzversicherung:** Der Versicherte wird beim Arztbesuch nicht wie ein Kassen-, sondern wie ein Privatpatient behandelt. Die Versicherung bezahlt über das Kassenniveau hinausgehende Leistungen für die ambulante Heilbehandlung, bei Hilfsmitteln sowie bei Arzneimitteln.

- **Stationäre Zusatzversicherung:** Damit haben auch Kassenmitglieder die freie Arztwahl, Chefarztbehandlung und Unterbringung im Ein- oder Zweibettzimmer sind möglich. Die Versicherung erstattet die Kosten nach Abzug der Vorleistungen der gesetzlichen Krankenkasse bis zum Höchstsatz der Gebührenordnung für Ärzte (GOÄ), bei manchen Tarifen sogar darüber hinaus. Zum Vergleich: Kassenpatienten ohne private Zusatzversicherung müssen in das nächstliegende geeignete Krankenhaus, werden im Mehrbettzimmer untergebracht und können sich den Arzt nicht auswählen.

- **Ergänzungstarife:** Die private Versicherung springt immer dann ein, wenn bei den Kassen Zuzahlungen fällig oder Leistungen gar nicht erbracht werden, z.B. für Heil- und Hilfsmittel, für Medikamente, Brillen oder Kontaktlinsen, Vorsorgeuntersuchungen

- **Krankentagegeld-Zusatzversicherung:** Für Selbstständige und Freiberufler, die freiwillig Kassenmitglied sind, ist diese private Zusatzversicherung unbedingt notwendig. Auch für Angestellte mit höherem Einkommen kann es sich lohnen, ein Krankentagegeld vom 43. Tag der Krankheit an zu vereinbaren. Dann nämlich entfällt die Lohnfortzahlung des Arbeitgebers. Das Krankengeld von der Kasse führt jedoch zu Einkommensverlusten von rund 25 Prozent. Vor allem Kreditnehmer mit regelmäßigen Ratenverpflichtungen sollten sich mit einem Krankentagegeld gegen Zahlungsunfähigkeit bei längerer Krankheit absichern.

- **Krankenhaustagegeld-Zusatzversicherung:** Für Angestellte mit Lohnfortzahlung ist diese Versicherung eher entbehrlich. Sinnvoll ist sie jedoch für freiwillig gesetzlich versicherte Selbstständige und Freiberufler.

- **Auslandsreise-Krankenversicherung:** Kassenpatienten kommen mit der Chipkarte ihrer Kasse bei Krankheit im Ausland nicht weit. Er gilt sowieso nur in jenen Ländern, mit denen Deutschland ein Sozialversicherungsabkommen abgeschlossen hat. Aber auch dort werden deutsche Touristen meist von Ärzten als Privatpatienten behandelt und zur Kasse gebeten. Zu Hause wird nur ein Teil davon erstattet, Kassenmitglieder bleiben meist auf einem Teil der Kosten sitzen.

Keinen Cent bezahlen die Kassen für einen medizinisch notwendigen Rücktransport nach Deutschland. Das kostet unter Umständen mehrere zehntausend Euro, wenn z.B. bei einem Autounfall in Italien verletzte Urlauber per Luftrettung nach Hause geflogen werden müssen. Ohne private Auslandsreise-Krankenzusatzversicherung kommt deshalb kein Kassenmitglied im Ausland aus. Sie übernimmt die Kosten für ambulante und stationäre Behandlung im Ausland und sogar den kostspieligen Krankenrücktransport nach Deutschland.

> **IMMER EINE AUSLANDSREISE-KRANKENVERSICHERUNG ABSCHLIEßEN**
>
> Eine private Auslandsreise-Krankenversicherung gehört für Auslandsreisende – auch wenn es nur wenige Urlaubstage sind – zu den unverzichtbaren Versicherungen.

SEHR GUTE UND GUTE AUSLANDSREISE-KRANKENVERSICHERUNGEN

Unternehmen	Tarif	Jahresbeitrag Einzelpersonen (Euro)	Jahresbeitrag für Familien (Euro)
HanseMerkur	RKJ	9,50	25,00
HanseMerkur	RKJ-DAK*	7,10	19,90
Huk-Coburg	RV	8,00	18,00
R+V	JR	11,50	24,00
Central	holidayE/holidayF	10,00	23,00
Enviva	TravelXN*	7,80	18,60
Mondial (Elvia)	AJKE/AJKF ohne SB	20,00	39,00
Düsseldorfer	AR8	7,80	-
Europäische Reise	XKE41/XKS41/ XKX41/XKF41	15,00	29,00
Huk-Coburg	RB/RBF*	6,00	14,50
Huk 24	RI/RIF	6,00	14,50
LVM	ARJ	11,00	22,00
LVM	ARj-hkk*	7,50	15,00
Würzburger	AR	9,00	22,50
Barmenia	RS	9,00	-
Münchener Verein	500	6,48	-
Münchener Verein	505	4,56	-
Pax Familienvorsorge	R	6,49	-
Concordia	AK	8,00	-
Debeka	AR	6,00	-

Unternehmen	Tarif	Jahresbeitrag Einzelpersonen (Euro)	Jahresbeitrag für Familien (Euro)
Mondial (Elvia)	AJKE/AJKF	15,00	29,00
DEVK	R2	7,50	-
Ergo Direkt	RD	9,90	19,90

* Angebot nur für Mitglieder bestimmter Krankenkassen, die unterschiedlichen Tarife enthalten unterschiedliche Leistungen, Stand: 1. März 2010

Private Pflegeversicherungen

Die meisten Menschen unterschätzen ihr persönliches Risiko, zum Pflegefall zu werden. Gegenwärtig sind erst etwas mehr als zwei Millionen Deutsche pflegebedürftig. Mit der zunehmenden Alterung der Bevölkerung wird die Anzahl dramatisch ansteigen. Im Jahr 2020 werden es schon fast drei Millionen sein und 2050 rund 4,7 Millionen. Eine heute 40-jährige Frau wird voraussichtlich 96 Jahre alt, die Wahrscheinlichkeit, dass sie schon mit 86 Jahren pflegebedürftig ist, beträgt 34 Prozent, fünf Jahre später aber schon über 50 Prozent, besagt die Statistik. Und Frauen sind vom Pflegerisiko doppelt so häufig betroffen wie Männer.

Unterschätzt wird aber auch das finanzielle Risiko, das mit Pflegefällen verbunden ist. Denn die Leistungen der gesetzlichen Pflegeversicherung reichen vorne und hinten nicht. Sind stellen nur eine Art „Teilkasko" mit hohem Selbstbehalt dar. Ohne eine zusätzliche private Vorsorge für den Pflegefall werden die Betroffenen und ihre Angehörigen die Kosten in der Regel nicht bezahlen können.

Insbesondere bei der stationären Pflege bleibt eine erhebliche Differenz zwischen den Kostensätzen der Pflegeheime und den Leistungen der gesetzlichen Pflegeversicherung.

Die Kostenfalle bei der stationären Pflege

ERHEBLICHE KOSTEN BEI UNTERBRINGUNG IN PFLEGEHEIMEN

Pflegestufe	Pflegegeld (Euro)	Kostensatz (Euro*)	Verbleibende Kosten (Euro)
Pflegestufe I	1.023	2.300	1.277
Pflegestufe II	1.279	2.600	1.321
Pflegestufe III	1.432	3.300	1.868

* durchschnittliche Kostensätze der Heimunterbringung, Quelle: IDEAL

Schon in der Pflegestufe I müssen die Pflegebedürftigen jeden Monat 1.277 Euro aus eigener Tasche aufbringen. In Pflegestufe III sind es schon knapp 1.900 Euro. Das dürften sich nur Spitzenrentner leisten können. Denn die durchschnittlichen Zahlbeiträge der Altersrenten für westdeutsche Männer betragen 955 Euro, für westdeutsche Frauen 484 Euro. In Ostdeutschland betragen die Durchschnittsrenten 995 Euro für Männer bzw. 674 Euro für Frauen. Rechnet man die Versorgungslücken auf die durchschnittliche Lebenserwartung eines Pflegebedürftigen der Pflegestufe III von fünf bis sieben Jahren hoch, ergibt sich ein Kapitalbedarf zwischen 130.000 und 260.000 Euro. Das dürfte in den meisten Fällen die Betroffenen und auch ihre Angehörigen deutlich überfordern.

Kinder haften für ihre Eltern

Wer die Pflegekosten im Heim nicht und nicht in vollem Umfang bezahlen kann, wird zum Sozialfall. Die Sozialämter springen zunächst ein, holen sich das Geld aber von den Angehörigen zurück. „Verwandte in gerader Linie sind verpflichtet, einander Unterhalt zu gewähren", heißt es im Bürgerlichen Gesetzbuch in § 1601 kurz und unmissverständlich. Damit hat das Pflegedrama quasi zwei Dimensionen. Zum einen werden die über Jahrzehnte gebildeten Ersparnisse der Pflegebedürftigen abgesaugt. Zum anderen führt zunehmende Pflegebedürftigkeit dazu, dass Vermögen generationenübergreifend vernichtet werden. Betroffen sind vor allem Ehegatten und Kinder. Deren Altersvorsorgepläne werden zu Makulatur, sobald sie finanziell für einen pflegebedürftigen Angehörigen einstehen müssen.

Private Pflegezusatzversicherungen

Die Versicherungswirtschaft bietet verschiedene Möglichkeiten, für das Pflegerisiko privat vorzusorgen:

- Beim **Pflegetagegeld** erhalten die Versicherten einen festen Betrag pro Tag, ganz gleich, wie hoch die tatsächlichen Pflegekosten sind und was die Pflichtversicherung davon übernimmt. Die Pflegetagegeldversicherung ist all jenen zu empfehlen, die selber darüber bestimmen wollen, was sie mit ihrem Geld tun. Sie können davon die „Hotelkosten" im Pflegeheim bezahlen, also Kost und Logis, für die die Pflichtversicherung keinen Cent bezahlt. Oder sie können eine über die reine Pflege hinausgehende Betreuung bezahlen bzw. Angehörigen oder fremden Personen etwas zukommen lassen, die sich um die Pflege kümmern.

- Die **Pflegekosten-Versicherung** kommt für die Dienste professioneller Pfleger zu Hause oder im Heim auf. Die Versicherung bezahlt in der Regel die Differenz zwischen den Leistungen der gesetzlichen Versicherung und den tatsächlichen Kosten bis zu einer prozentualen oder absoluten Obergrenze. Pflegekostenversicherungen eignen sich für Personen, die nicht damit rechnen, dass sie im Pflegefall von Angehörigen unterstützt werden.

- Bei **Pflegerenten-Versicherungen** erhalten Versicherte bei Pflegebedürftigkeit eine monatliche Rente zur freien Verfügung, die für „Hotelkosten" und/oder Pflegeleistungen verwendet werden kann. Die Pflegerentenversicherungen sind zwar teurer als die Angebote der Krankenversicherer, dafür bieten sie mehr Freiheit.

Daneben gibt es noch andere Versicherungen, die im Pflegefall Rentenleistungen zahlen. Meist handelt es sich um Unfallversicherungen.

> **⚠ ACHTUNG — UNFALLPFLEGERENTENVERSICHERUNGEN SIND ÜBERFLÜSSIG ⚠ ACHTUNG**
>
> Unfallversicherungen zahlen nur bei Pflegebedürftigkeit nach Unfällen. Unfälle als Pflegegrund spielen aber bei älteren Menschen kaum eine Rolle. Die wichtigsten Pflegegründe sind Demenz, Herz- und Kreislauferkrankungen, Krebs, Osteoporose und Schlaganfälle. Unfallpflegerentenversicherungen sind deshalb völlig überflüssig.

Drei Möglichkeiten für Pflegezusatzversicherungen

Die privaten Pflegezusatzversicherungen haben unterschiedliche Stärken und Schwächen. Deutlich wird: Die billigste Variante – die Pflegekostenversicherung – ist nicht die beste. Die komfortabelste Variante ist die Pflegerentenversicherung, die ist aber auch die teuerste.

PFLEGEZUSATZVERSICHERUNGEN

	Pflegekostenversicherung	Pflegetagegeldversicherung	Pflegerentenversicherung
Anbieter	Krankenversicherer	Krankenversicherer	Lebensversicherer
Verwendung	Nur für nachgewiesene Pflegekosten	Frei	Frei
Höchst-Eintrittsalter	60 bis 65 Jahre	60 bis 65 Jahre	Bis 75 Jahre
Gesundheitsprüfung	Ja	Ja	Ja
Risikozuschläge	Ja	Ja	Nein
Leistungsfall	Alle Pflegestufen, gestaffelte Leistungen	Alle Pflegestufen, gestaffelte Leistungen	Alle Pflegestufen, gestaffelte Beiträge

	Pflegekosten-versicherung	Pflegetagegeld-versicherung	Pflegerenten-versicherung
Leistungen	Restkosten nach Abzug der Leistungen der gesetzlichen Pflegeversicherung.	Versichertes Tagegeld	Monatliche Rente
Leistungsdauer	Lebenslang	Lebenslang	Lebenslang
Beitragsstabilität	Nein	Nein	Ja
Kosten	Gering	Mittel	Hoch

Hilfeleistungen mitversichert

Pflegeversicherungen und Unfallversicherungen bieten für den Fall der Pflegebedürftigkeit neben Geldleistungen auch Hilfe für den Alltag. Diese sogenannten Assistance-Leistungen – früher bei den heute meist überflüssigen Kfz-Schutzbriefen – üblich, umfassen für den Pflegefall in der Regel folgende Dinge:

- Hausnotruf
- Menüdienst
- Einkaufsservice
- Begleitdienst für Gänge bzw. Fahrten zu Arzt oder Behörden
- Wohnungsreinigung und Wäschedienst
- Haustierbetreuung
- Pflegeberatung
- Beratungsleistungen für die Auswahl von Ärzten, Kliniken und Reha-Einrichtungen

- Beratung bei der Klärung von Ansprüchen gegenüber Sozialversicherungsträgern

> **! ACHTUNG ASSISTANCE-LEISTUNGEN ! ACHTUNG**
>
> Wer einen Vertrag mit Assistance-Leistungen für den Pflegefall abschließt, sollte darauf achten, ob der Versicherer diese Leistungen lediglich organisiert oder ob er sie auch bezahlt.

Tipps für preiswerte Pflegezusatzversicherungen

- Jede Absicherung ist besser als gar keine Versicherung für das Risiko Pflegefall.

- Kinder mit betagten Eltern sollten eine Pflegeversicherung abschließen, damit sie nicht mit ihrem Vermögen für die Pflegekosten einstehen müssen und damit ihre eigene Altersvorsorge aufs Spiel setzen.

- Die beste Wahl ist eine Pflegerentenversicherung, die billigere Tagegeldversicherung tut es zur Not auch.

- Nach Möglichkeit frühzeitig mit dem Sparen für das Pflegerisiko beginnen, dann sind die Beiträge am niedrigsten.

- Pflegerenten gibt es auch relativ günstig gegen Einmalbeitrag. Wer dort Ablaufleistungen von Lebensversicherungen oder unverhoffte Geldeingänge wie z.B. aus Erbschaften oder Schenkungen einzahlt, hat das Problem ein für alle Mal gelöst.

Auswahlkriterien für die Pflegezusatzversicherung

Groß sind die Leistungsunterschiede in der Pflegekostenversicherung. Vieles ist unverzichtbar, anderes kann versichert werden, manches ist Luxus. Familien sollten die Tarife unter Kosten-/Nutzen-Gesichtspunkten prüfen.

Das muss sein: Leistungen, die unverzichtbar sind

- Leistungen in allen drei Pflegestufen, sowohl für stationäre als auch häusliche Pflege bis 80 Prozent der Restkosten nach Abzug der Leistungen der Pflegekasse.

- Möglichkeit der **Erhöhung** der vereinbarten Leistungen während der Laufzeit ohne erneute Gesundheitsprüfung. Damit können Familien am Anfang Beitrag sparen und die Versicherung später mit zunehmendem Einkommen aufstocken.

- Vollständige **Beitragsbefreiung** nach Eintritt von Pflegebedürftigkeit, damit die Versicherung im Pflegefall nicht zur zusätzlichen Kostenbelastung wird;

- Keine Wartezeit ab Vertragsabschluss bei Pflegebedürftigkeit nach einem **Unfall**. Schließlich können Unfälle jeden Tag passieren;

- Kostenübernahme auch für **teilstationäre Pflege** in Tages-/Nachtpflegeeinrichtungen bzw. vollstationäre Kurzzeitpflege;

- Als **Nachweis der Pflegebedürftigkeit** genügen die Unterlagen der gesetzlichen Pflegeversicherung, damit im Pflegefall nicht ein langwieriger Papierkrieg mit Gutachtern nötig wird;

- **Gleiches Tagegeld** bei häuslicher und stationärer Pflege, damit die pflegenden Angehörigen nicht schlechter behandelt werden müssen als die Profis.

Das kann vereinbart werden: Leistungen, die nützlich aber letztlich eine Geldfrage sind.

- Erstattung von Kosten für Unterkunft und Verpflegung im Pflegeheim bis zum versicherten **Höchstbetrag;**

- **Vermittlung** von Pflegeheimen, Pflegediensten und Haushalthilfen;

- Kostenübernahme bei häuslicher Pflege auch durch eine **Ersatzkraft**, wenn die Angehörigen verhindert sind;

- Erstattung der nach den Leistungen der gesetzlichen Pflegeversicherung verbleibenden **Restkosten zu 100 Prozent** bzw. ohne Obergrenze;

- Kostenübernahme für Maßnahmen **zur Verbesserung des Wohnumfeldes**, z.B. barrierefreies Wohnen für Rollstuhlfahrer oder Einbau eines Treppenliftes;

- **Dynamisierung** des Tagegeldes ab Rentenbeginn.

Klauseln, die man meiden sollte:

- **Turnusmäßiger Nachweis** der weiteren Pflegebedürftigkeit nach Eintritt des Pflegefalls;

- Die Versicherung behält sich ein **Kündigungsrecht** in den ersten drei Jahren nach Vertragsabschluss vor;

- **Karenzzeiten** nach Feststellung der Pflegebedürftigkeit oder nach jeder neuen Stufe der Pflegebedürftigkeit;

- **Keine Leistungen in jungen Jahren** bei Pflegebedürftigkeit nach Krankheit, sondern nur dann, wenn die Pflegebedürftigkeit durch Unfall verursacht wurde;

- **Beschränkung** des Tagegeldes auf Pflegestufe III;

- **Kürzung des Tagegeldes** bei Familienpflege.

GUTE PRIVATE PFLEGETAGEGELDVERSICHERUNGEN

Unternehmen	Tarif	Monats-beitrag (Euro)	Leistungen in Euro bei Pflegestufe ...					
			I		II		III	
			A	S	A	S	A	S
Angebote für gesunde Frauen, Alter bei Vertragsabschluss: 45 Jahre								
DKV	PET	38,00	412	1.762	862	1.762	1.312	1.762
VGH	PTG	41,00	409	1.759	1.129	1.759	1.759	1.759
HanseMerkur	PTA	43,00	407	1.757	857	1.757	1.757	1.757
Angebote für gesunde Frauen, Alter bei Vertragsabschluss: 55 Jahre								
DKV	PET	65,00	385	1.735	835	1.735	1.285	1.735
VGH	PTG	69,00	381	1.731	1.101	1.731	1.731	1.731
HanseMerkur	PTA	74,00	376	1.726	826	1.726	1.726	1.726
Angebote für gesunde Männer, Alter bei Vertragsabschluss: 45 Jahre								
DKV	PET	27,00	423	1.733	837	1.773	1.323	1.773
VGH	PTG	33,00	417	1.767	1.137	1.767	1.767	1.767
HanseMerkur	PTA	32,00	418	1.768	868	1.768	1.768	1.768
Angebote für gesunde Männer, Alter bei Vertragsabschluss: 55 Jahre								
DKV	PET	47,00	403	1.753	853	1.753	1.303	1.753
Bayerische Beamten	Premium	50,00	540	540	1.080	1.080	1.800	1.800
UKV	Premium	50,00	540	540	1.080	1.080	1.800	1.800
VGH	PTG	57,00	393	1.743	1.113	1.743	1.743	1.743

A = Ambulante Pflege durch Laien oder Fachkraft, S = Stationäre Pflege, Tarife mit Testurteil „Gut", Stand.: 1. November 2008, Quelle: FinanzTest 1/2009

Versicherungen für das Vermögen

Geld regiert die Welt und in dieser Welt wird (fast) jeder Wert in Geld umgerechnet. Das gilt erst recht, wenn eine Person einer anderen einen Schaden zufügt. Der Geschädigte hat ein Recht auf Ersatz dieses Schadens und zwar in Geld. Im Bürgerlichen Gesetzbuch (BGB) heißt es in Paragraph 823: „Wer vorsätzlich oder fahrlässig das Leben, den Körper, die Gesundheit, die Freiheit, das Eigentum oder ein sonstiges Recht eines anderen widerrechtlich verletzt, ist dem anderen zum Ersatz des daraus entstehenden Schadens verpflichtet."

Die private Haftpflichtversicherung

Na gut, wer fügt schon vorsätzlich einem anderen einen Schaden zu, wenn er ein zivilisierter Mensch ist, wird mancher denken. Normalerweise nicht, doch fahrlässiges Handeln – siehe BGB – reicht schon aus. Fahrlässig handelt, wer „die im Verkehr erforderliche Sorgfalt nicht beachtet", belehrt uns das BGB in § 276. Gemeint ist dabei nicht nur der Straßenverkehr, sondern jeglicher sozialer Verkehr zwischen Menschen. Das heißt nichts anderes, als dass der Verursacher eines Schadens die erforderliche Sorgfalt vermissen ließ, er der Schuldige ist und für den Schaden gerade zu stehen hat.

Und sei die Fahrlässigkeit auch noch so klein: Die achtlos weggeworfene Kippe, die einen Großbrand auslöst, fällt ebenso unter die Haftung wie der schwere Rotlichtverstoß gegen die Straßenverkehrsordnung. Es genügen Unachtsamkeit oder böse Zufälle: Fußgänger oder Radfahrer verursachen einen Unfall mit Personenschaden, Käufer stoßen im Supermarkt aus Versehen eine Flaschenpyramide um, Passanten brechen sich auf dem Gehweg vor dem Eigenheimgrundstück die Knochen, weil der Hausbesitzer sich am winterlichen Sonntagvormittag nochmals im Bett herumgedreht hat, statt zu streuen.

Selbst wer nicht am Ort des Geschehens weilt, haftet: für die Verletzung, die der zwölfjährige Sohn während einer Prügelei einem Klassenkameraden zugefügt hat, ebenso wie für den Wassereimer, der der Haushaltshilfe beim Fensterputzen aus der Hand und einem ahnungslosen Straßenpassanten auf den Kopf gefallen ist.

Die Haftung ist unbegrenzt

Bei einem Sachschaden bedeutet das Kostenersatz für die beschädigten Gegenstände sowie die Folgeschäden (z.B. Nutzungsausfall). Wurden Personen verletzt, muss der Schädiger Behandlungskosten, Verdienstausfall, gegebenenfalls Schmerzensgeld und mitunter sogar eine lebenslange Rente für den Geschädigten zahlen. Er haftet mit seinem gesamten gegenwärtigen und künftigen Vermögen, das heißt mit Haus- und Grundbesitz, dem Bankguthaben, Lohn und Gehalt. Selbst eine spätere Erbschaft oder ein Lottogewinn werden herangezogen.

Was die private Haftpflichtversicherung leistet

Die private Haftpflichtversicherung ist zunächst einmal eine Art Rechtsschutzversicherung. Denn bevor sie zahlt,

- prüft sie die Haftung, das heißt die Frage, ob überhaupt ein Verschulden des Versicherten vorlag. Wo kein Verschulden, da ist auch keine Haftung, und wo keine Haftung ist, gibt es auch keinen Schadenersatz;

- wehrt die Versicherung auf eigene Kosten unberechtigte Schadensersatzansprüche ab.

Ist der Haftpflichtfall festgestellt, bezahlt die Versicherung die Ansprüche des Geschädigten. Das können sein:

- **bei Personenschäden** Ersatz für Heilkosten und Verdienstausfall, Ausgleich für Nachteile in der beruflichen Entwicklung, Renten bei Berufsunfähigkeit, Aufwendungen für Pflege und Betreuung, eventuell Schmerzensgeld;

- **bei Tod** des Opfers Beerdigungskosten, Unterhaltsansprüche von Kindern und Hinterbliebenen;

- bei **Sachschäden** die Reparaturkosten oder die Kosten für den Ersatz der zerstörten Sache.

Übrigens: Es spielt keine Rolle, ob der Geschädigte privat versichert ist und z.b. eine Lebens- oder Unfallversicherung abgeschlossen hat, die für den Schaden zahlt. Angerechnet auf die Schadenersatzpflicht werden nur Leistungen der gesetzlichen Rentenversicherung, z.b. eine Erwerbsminderungsrente. Die ist aber so gering, dass sie zur Versorgung hinten und vorne nicht reicht.

Worauf es bei der Haftpflichtversicherung ankommt

Die Versicherung für die kleinen und großen Katastrophen im Alltag ist relativ preiswert. Die Leistungen sind aber unterschiedlich. Darauf sollten Sie beim Abschluss achten:

- Ausreichende **Versicherungssumme**: Mindestens drei Millionen Euro pauschal für Personen- und Sachschäden.

- Einschluss von **Mietsachschäden**: mindestens 300.000 Euro.

- **Allmählichkeitsschäden**: Sie sollten bis zur Versicherungssumme versichert sein.

- **Schutz im Ausland**: Mindestens drei Jahre in der EU und mindestens ein Jahr weltweit.

- **Vorsorgeversicherung**: Sofortiger Schutz für neue Risiken bis drei Millionen Euro.

- **Lagerung gewässergefährdender Substanzen**: Schutz vor Schäden bis drei Millionen Euro.

- **Kinder**: Mitversicherung von Schäden durch deliktsunfähige Kinder unter sieben Jahren, unabhängig davon, ob die Eltern die Aufsichtspflicht verletzt haben oder nicht.

- **Gefälligkeitshandlungen**: Auch Schäden, die bei der Hilfe für Nachbarn, Freunde oder Verwandte angerichtet werden, sollten versichert sein.

In der Familie gilt ein Vertrag für alle. Mitversichert sind jeweils der Ehe- oder Lebenspartner und die im Haushalt lebenden Kinder, soweit diese noch nicht verheiratet oder volljährig sind. Das gilt für leibliche Kinder ebenso wie für Stief-, Adoptiv- oder Pflegekinder. Singles oder Geschiedene benötigen jeweils einen eigenen Vertrag zu ihrer Sicherheit vor Haftungsansprüchen.

Wann die Versicherung nicht zahlt

Keine Regeln ohne Ausnahmen. In diesen Fällen zahlt die Haftpflichtversicherung grundsätzlich nicht:

- bei Schäden, die vorsätzlich herbeigeführt wurden;

- bei Vertragsverpflichtungen (z.b. Anspruch auf Rückzahlung eines Darlehens);

- Geldstrafen, Bußgelder;

- Schäden, die der Versicherte selbst erleidet;

- Schäden, die durch nahe Angehörige verursacht wurden (dazu gehören alle Personen, die mit dem Versicherungsnehmer in häuslicher Gemeinschaft leben oder die im Vertrag mitversichert sind);

- wenn der Beitrag nicht bezahlt wurde;

- bei Schäden, die während der beruflichen Tätigkeit verursacht werden;

- bei Schäden aus ungewöhnlichen und gefährlichen Handlungen, z.B., wenn ein Hausbesitzer im Keller größere Mengen Kraftstoff lagert und bei der Kontrolle der Vorräte Streichhölzer als Lichtquelle benutzt und dabei das Haus in Brand setzt.

Die private Haftpflichtversicherung

SEHR GUTE HAFTPFLICHTVERSICHERUNGEN FÜR FAMILIEN

Versicherer	Tarif	Versicherungssumme	Jahresbeitrag
AXA	BoxPlus Extra	10 Mio. Euro	132 Euro
Interrisk	XXL	3/5/10 Mio. Euro	131/137/147 Euro
AXA	Box-Plus Standard	7,5 Mio. Euro	106 Euro
VHV	Klassik Garant + Exklusiv	8 Mio. Euro	100 Euro
Asstel	Komfort	8 Mio. Euro	83/104 Euro*
Arag	Premium	20 Mio. Euro	140 Euro
Gothaer	Top	6/10 Mio. Euro	110/126 Euro
Grundeigentümer	Pro Domo Premium	5/10/15 Mio. Euro	93/109/122 Euro
HanseMerkur	Top	3/5/5**	76/94/107 Euro
Interrisk	XL	3/5/10**	107/113/123 Euro
Concordia	Basis-Plus	3/5/10 Mio. Euro	101/107/118 Euro
Gegenseitigkeit	Topvit	10 Mio. Euro	93 Euro
HDI-Gerling	Exclusive	15 Mio. Euro	123 Euro
Huk Coburg Allgemeine	Classic PH Plus	15 Mio. Euro	82 Euro
Huk 24	Classic PH Plus	15 Mio. Euro	79 Euro
ÖVB	Familie + Plus	5/10 Mio. Euro	129/139 Euro
VGH	Familie + Plus	5/10 Mio. Euro	129/139 Euro
WGV	Optimal	8 Mio. Euro	78 Euro
Arag	Komfort	12,5 Mio. Euro	115 Euro

Versicherer	Tarif	Versicherungssumme	Jahresbeitrag
Gegenseitigkeit	VIT	5 Mio. Euro	74 Euro
Grundeigentümer	Pro Domo Komfort	5/10/15 Mio. Euro	62/72/83 Euro
Nürnberger	Komplettschutz	3/5/10 Mio. Euro	150/156/163 Euro
Versicherungskammer Bayern	Optimal	10 Mio. Euro	123 Euro
VHV	Klassik-Garant	8 Mio. Euro	74 Euro
Janitos	Balance	7,5/15 Mio. Euro	82/90 Euro
Münchener Verein	Komfort	10 Mio. Euro	102 Euro

Quelle: Finanztest 4/2010, Stand: 1. Februar 2010, Testurteil „Sehr gut", * je nach Schadenverlauf, ** unterschiedliche Leistungen, Sortierung nach Testnote.

Spezielle Haftpflichtversicherungen

Die private Haftpflichtversicherung gibt Sicherheit vor den meisten Haftungsansprüchen, mit denen man im Alltag konfrontiert werden kann, jedoch nicht für alle Fälle. Für spezielle Risiken sind gesonderte Haftpflichtversicherungen nötig. Neben der bereits erwähnten und obligatorischen Kfz-Haftpflicht betrifft dies

- die **Tierhalterhaftpflichtversicherung** für Halter von Hunden, Pferden, wilden Tieren, Rindern oder sonstigen Reit- und Zugtieren sowie von Tieren, die landwirtschaftlichen oder gewerblichen Zwecken dienen;
- die **Jagdhaftpflichtversicherung** für Ansprüche aus Jagdunfällen (Pflichtversicherung);

Spezielle Haftpflichtversicherungen

- die **Wassersporthaftpflichtversicherung** für Schäden durch den Gebrauch eigener Segelboote oder eigener oder fremder Motorboote;
- die **Luftfahrthaftpflichtversicherung** für Schäden durch den Gebrauch von Luftfahrzeugen (Pflichtversicherung) mit Ausnahme von unbemannten Flugmodellen, Ballonen oder Drachen;
- die **Haus- und Grundbesitzer-Haftpflichtversicherung** für Vermieter von Wohnungen oder Häusern bzw. Besitzer unbebauter Grundstücke;
- die **Bauherren-Haftpflichtversicherung** für Bauherren größerer Bauvorhaben, z.b. für den Neubau eines Eigenheims;
- die **Gewässerschaden-Haftpflichtversicherung** für die Betreiber von Heizöltanks z.b. im Eigenheim;
- die **Vereinshaftpflichtversicherung** für Schäden, die bei einer verantwortlichen Tätigkeit in einer Vereinigung verursacht werden – vom Sportverein bis zur Bürgerinitiative.

Tipps für preiswerten Haftpflicht-Versicherungsschutz

- Die Beitragsunterschiede sind groß, deshalb Preise und Leistungen mehrerer Anbieter vergleichen. Das geht auch sehr gut im Internet.

- Weil Haftpflichtversicherungen nicht sehr teuer sind, muss man nicht an der Leistung sparen.

- Zielgruppenangebote nutzen: beispielsweise für Singles, Familien, für Angehörige des Öffentlichen Dienstes, für Mieter, für Hausbesitzer oder für Senioren.

- Alte Verträge immer mal wieder überprüfen, ob Schutz ausreicht.

- Bei Eheschließungen, Lebenspartnerschaften und nach Geburt von Kindern Familienpolicen abschließen.

- Wer bei der Haftung ganz auf Nummer Sicher gehen will, schließt einen Vertrag mit Forderungsausfalldeckung ab. Dann zahlt die Versicherung auch, wenn der Versicherte einen Schaden durch einen Dritten erleidet, der selbst keine Haftpflichtversicherung abgeschlossen hat und zahlungsunfähig ist.

Die Rechtsschutzversicherung

Schwer ins Geld und damit an die finanzielle Existenz gehen können auch Streitigkeiten vor Gericht. Denn „Auf hoher See und vor Gericht sind wir allein in Gottes Hand", sagt das Sprichwort und meint: Recht haben und recht bekommen sind zweierlei Dinge. Rechtsschutzversicherungen dienen zur Durchsetzung von Rechtsansprüchen des Versicherten. Dabei kann es um viel Geld gehen. Beispielsweise um Ansprüche aus unverschuldeten Verkehrsunfällen, um Entschädigungen für ärztliche Kunstfehler oder Gesundheitsschäden durch fehlerhafte Produkte. In solchen Fällen kann der Streitwert schnell bei 100.000 Euro liegen.

„Waffengleichheit" durch Rechtsschutzversicherung

Mit einer Rechtsschutzversicherung wird das finanzielle Risiko eines Rechtsstreits ausgeschlossen. Die Versicherer bezahlen Anwaltskosten, Gerichtsgebühren, Entschädigungen für vom Gericht herangezogene Zeugen und Sachverständige, Kosten für Verwaltungsverfahren, Kosten für technische Gutachten im Verkehrsrecht, die gegnerischen Prozesskosten, soweit der Versicherte zur Übernahme verpflichtet ist, sowie Reisekosten, wenn der Versicherte vor einem ausländischen Gericht erscheinen muss, und Strafkautionen im Ausland.

Neben den Geldleistungen einer Rechtsschutzversicherung zählt auch der „moralische" Wert eines solchen Vertrages. Vorausgesetzt, die Versicherung übernimmt die Kosten, herrscht vor Gericht „Waffengleichheit" zwischen den Parteien. Das spielt vor allem dann eine Rolle, wenn Privatpersonen im Rechtsstreit großen Gegnern wie Unternehmen, Versicherungen, Banken oder Krankenhäusern gegenüberstehen. Wer sich auf Kosten seiner Versicherung einen guten Anwalt leisten kann, wird eher um sein Recht kämpfen als jemand, der vor den hohen Prozesskosten zurückschrecken muss.

Bausteine der Rechtsschutzversicherung

Die Versicherer haben den Rechtsschutz in verschiedene Bausteine zerlegt, die wiederum zu Paketen geschnürt werden. Je nach Bedarf und Situation stehen folgende Angebote zur Auswahl:

- **Verkehrsrechtsschutz:** Die Verkehrsrechtsschutzversicherung schützt den Versicherten als Fahrer oder Insasse seines oder eines fremden Fahrzeugs sowie als Fußgänger, Radfahrer oder Fahrgast in öffentlichen Verkehrsmitteln. Der Versicherungsschutz der Verkehrsrechtsschutzversicherung umfasst:

  - Schadensersatzrechtsschutz, z.B. bei Streit mit der gegnerischen Versicherung nach einem Unfall;

  - Strafrechtsschutz, z.B. bei Streit um Bußgeldbescheide und Strafbefehle wegen Verstößen gegen die Straßenverkehrsordnung;

  - Führerscheinrechtsschutz, z.B. bei Auseinandersetzungen um den Entzug des Führerscheins und das Strafpunktekonto in Flensburg;

  - Kfz-Vertrags-Rechtsschutz in allen Fragen von Kauf, Verkauf oder Reparatur des Fahrzeugs.

- **Privat- und Berufsrechtsschutz für Nichtselbstständige:** Diese Versicherung gilt für die Rechtsfragen im privaten und beruflichen Bereich. Das umfasst:

  - Durchsetzung von Schadenersatzansprüchen, z.B. gegen Privatpersonen, Firmen, Ärzte, Banken, Versicherungen etc.;

  - Arbeitsrechtsschutz für Auseinandersetzungen mit dem Arbeitgeber;

  - Allgemeiner Vertragsrechtsschutz, z.B. bei Kauf oder Verkauf bzw. bei Reparaturen und Dienstleistungen, Reisevertrag oder Streit mit der Versicherung;

  - Steuerrechtsschutz, z.B. bei gerichtlichen Auseinandersetzungen mit Finanzbehörden um Steuern, Zölle, Gebühren, Abgaben und in Steuer-Bußgeldverfahren;

- Sozialgerichts-Rechtsschutz für Streitigkeiten mit Sozialversicherungsträgern, Berufsgenossenschaft, Krankenkasse oder Arbeitsamt;

- Disziplinar- und Standesrechtsschutz, beispielsweise für Beamte bei Streitigkeiten um Dienstvergehen;

- Beratungsrechtsschutz in Fragen des Familienrechts, des Erbrechts und der freiwilligen Gerichtsbarkeit. Voraussetzung ist, dass sich die Rechtslage geändert hat, das heißt, dass ein Todesfall eingetreten ist, eine Erbschaft angenommen oder ausgeschlagen werden soll oder Verheiratete sich zu einer Trennung entschließen. Allerdings ist die Beratung auf Fragen beschränkt, für die der Anwalt ansonsten keine Gebühren verlangen kann.

- **Privat-, Berufs- und Verkehrsrechtschutz für Nichtselbstständige:** Dabei handelt es sich um eine Kombination aus den beiden oben genannten Paketen.

- **Grundstücks- und Mietrechtsschutz:** Schützt die Interessen des Versicherten als Mieter, Pächter oder als Eigentümer von Grundstücken, Wohnungen oder Häusern und umfasst:

  - Mietrechtliche Streitigkeiten wie Kündigung eines Mietvertrages, Mieterhöhung;

  - Eigentumsansprüche aus Immobilieneigentum wie Auseinandersetzungen mit Verwaltern, Miteigentümern (z.B. in Wohneigentumsanlagen) sowie um Pachten, Mieten, Dienstbarkeiten, Nießbrauchsrechte;

  - Steuerrechtsschutz bei Streitigkeiten vor Gericht, z.B. Klagen gegen Fehlbelegungsabgaben.

- **Privatrechtsschutz für Selbstständige:** Umfasst den gleichen Bereich wie der Privatrechtsschutz für Nichtselbstständige, versichert sind jedoch keine Streitigkeiten im Zusammenhang mit der selbstständigen beruflichen Tätigkeit.

Was die Rechtsschutzversicherung nicht bezahlt

Für bestimmte Rechtsstreitigkeiten übernehmen die Rechtsschutzversicherer keinen Schutz:

- Abwehr fremder Schadenersatzansprüche an den Versicherungsnehmer, dafür kommt die private Haftpflichtversicherung auf (siehe Seite 61 ff.);
- Scheidungsangelegenheiten;
- Erbrechtsstreitigkeiten;
- Kollektives Arbeitsrecht, z.b. Streit um Tarifverträge oder Betriebsverfassung;
- Vertragsstreitigkeiten bei Baufinanzierungen;
- Streit um die Planung und die Bauausführung an Immobilien;
- Auseinandersetzungen beim Kauf oder beim Verkauf eines Baugrundstücks;
- Verfahren wegen Ordnungswidrigkeiten bei Verstoß gegen Halte- und Parkverbote;
- Verfahren wegen Fahrens ohne Führerschein;
- Bußgelder und Schadenersatz, zu dem Versicherte verurteilt werden;
- Streit mit der eigenen Rechtsschutzversicherung;
- Streitigkeiten unter versicherten Personen, z.B. innerhalb der Familie;
- Vorsätzliche begangene Straftaten und Verbrechen des Versicherten.

EMPFEHLENSWERTE RECHTSSCHUTZVERSICHERUNGEN

Versicherer	Tarif	Jahresbeitrag (Euro)
Rechtsschutz Union/ Alte Leipziger	T07 erweiterte Leistungen	311
Auxilia		172
DAS	Optimal	325
HDI-Gerling	Ideal	287
Roland	Kompaktplus	426
BGV Badische	proComfort	299

Quelle: Finanztest 8/2009, Testurteil „gut", Familientarif für Privat-, Berufs- und Verkehrsrechtsschutz für Nichtselbstständige

Tipps für preiswerten Haftpflicht-Versicherungsschutz

- Die Beitrags- und Leistungsunterschiede sind groß, deshalb Angebote mehrerer Versicherer einholen und vergleichen.

- Auf Einzelpolicen je nach Bedarf beschränken: Verkehrs- und Berufsrechtsschutz sind die wichtigsten, auch Mietverhältnisse sind oft strittig. Separate Mietrechtsschutzverträge sind aber teuer, deshalb Mietrechtsschutz besser im Paket versichern.

- Selbstbeteiligungen können die Prämien deutlich senken. Manche Anbieter reduzieren den Selbstbehalt, wenn der Versicherte den Rechtsschutz längere Zeit nicht in Anspruch nimmt.

- Vor Vertragsabschluss genau auf Fristen und Ausschlüsse achten.

- Zielgruppenangebote nutzen, z.B. für Senioren oder für Angestellte im öffentlichen Dienst.

Versicherungen zum Schutz der Familie

Die Gründung einer Familie oder einer dauerhaften Partnerschaft sollte Anlass sein, den gesamten vorhandenen Versicherungsbestand beider Partner auf den Prüfstand zu stellen. Denn der Versicherungsbedarf ändert sich erheblich (siehe auch Seite 143 ff.). Im Mittelpunkt steht die Risikovorsorge der Partner sowie für die Kinder.

Die Lebensversicherung

Wenn ein Partner stirbt, ist das Glück ruiniert. Die Hinterbliebenen müssen nicht nur den persönlichen Verlust verkraften, sondern meist auch finanzielle Einbußen. Wenn z.B. der Hauptverdiener ausfällt, ist die materielle Not nicht weit – für den Partner und erst recht für die Kinder.

Die Hinterbliebenenrente reicht niemals

In jungen Jahren bestehen zudem nur geringe Rentenansprüche aus der gesetzlichen Rentenversicherung. Eine kleine Witwen- oder Witwerrente gibt es erst nach fünf Versicherungsjahren, die große Witwen- oder Witwerrente erst, wenn der Versicherte das 45. Lebensjahr vollendet hat. Und auch dann erreicht die Hinterbliebenenrente nur 60 Prozent der gesetzlichen Rente.

Sorglosigkeit nach dem Motto „Wir sind jung, uns wird schon nichts passieren" ist fehl am Platze. Der Alltag birgt allerlei Gefahren, die jeden ereilen können. Beispielsweise den jungen Familienvater, der täglich mit dem Auto lange Strecken zum Arbeitsplatz zurücklegt oder mit dem Fahrzeug beruflich viel unterwegs ist. Ein Verkehrsunfall mit tödlichem Ausgang kann auch besonnene Autofahrer treffen.

Unverzichtbar ist eine Lebensversicherung für den Haushaltsvorstand, wenn Kreditverbindlichkeiten bestehen. Ansonsten würden die Hinterbliebenen mit den Schulden da stehen, ohne eine Chance, sie je bezahlen zu können.

Lebensversicherungen gibt es in zwei Varianten,
- als Risikolebensversicherung oder
- als kapitalbildende Lebensversicherung

Eine Risikolebensversicherung gehört in jede Familie

Für junge Familien ist die Risikolebensversicherung die beste, weil preiswerteste Lösung. Das Prinzip ist einfach: Bei Tod der versicherten Person während der Laufzeit des Vertrages erhalten die Hinterbliebenen die vereinbarte Versicherungssumme in voller Höhe ausgezahlt. Der Versicherungsschutz gilt vom ersten Tag an und ohne Einschränkungen, selbst wenn erst ein Beitrag gezahlt wurde.

Eine Risikolebensversicherung ist wesentlich billiger als eine Kapitallebensversicherung. Denn die Risikolebensversicherung deckt nur das Risiko Tod des Versicherten ab. Im Unterschied dazu stellt die Kapitallebensversicherung eine Kombination aus einer Versicherung und einem Sparvorgang dar. Sie leistet sowohl im Todesfall als auch dann, wenn der Versicherte das Vertragsende erlebt. Das hört sich verlockend an, ist aber ein schlechtes Geschäft. Denn sparen kann man besser und preisgünstiger mit anderen Anlagen, dazu benötigt man keine Lebensversicherung. Seitdem die Leistungen auch nicht mehr uneingeschränkt steuerbegünstigt sind, lohnt sich das Sparen mit Kapitallebensversicherungen ohnehin nicht mehr.

Die Kehrseite der Medaille: Bei der Risikolebensversicherung gibt es nichts zurück. Die Beiträge sind verloren, wenn der Versicherungsfall – also der Tod der versicherten Person während der Laufzeit des Vertrages – nicht eintritt. Das ist aber kein Manko: Das Gefühl, die Angehörigen für den Fall der Fälle finanziell abgesichert zu haben, sind die paar Euro Beitrag allemal wert.

Wonach sich der Beitrag richtet

Familien, die eine günstige Lebensversicherung suchen, sollten vor allem die Beiträge für eine bestimmte Versicherungssumme und Laufzeit vergleichen. Denn die Leistungen sind im Wesentlichen bei allen Anbietern gleich.

Der Beitrag für eine Risikolebensversicherung richtet sich nach

- Alter und Gesundheit des Versicherten: je jünger und gesünder, umso günstiger der Beitrag,

- der Vertragslaufzeit,

- der vereinbarten Versicherungssumme und

- dem Beruf des Versicherten: Risikoberufe wie z.b. Dachdecker oder Polizist zahlen mehr als Büroangestellte.

Die Versicherungssumme sollte so bemessen sein, dass die Hinterbliebenen nicht in Not geraten können. Anhaltspunkte können z.b. die Ausbildungskosten für die Kinder oder die noch zu tilgenden Kreditsummen sein. Das ist auch bei höheren Summen nicht teuer. So kostet z.b. ein Vertrag über eine Versicherungssumme von 150.000 Euro bei günstigen Anbietern zwischen 100 und 200 Euro Jahresbeitrag.

Eine Versicherung für zwei

Eine besondere Form der Lebensversicherung ist die auf „verbundene Leben". Dies ist ein Vertrag, mit dem beide Ehepartner versichert sind. Die Versicherungssumme wird jedoch nur einmal ausgezahlt.

Sind beide Partner berufstätig, ist es günstiger, wenn beide eine eigene Risikolebensversicherung abschließen. Sterben die Eltern z.B. bei einem Verkehrsunfall, bekommen die Kinder zwei Versicherungssummen ausgezahlt. Ein Vertrag über verbundene Leben ist immer dann besonders empfehlenswert, wenn der Tod der Mutter ein großes finanzielles Risiko darstellt, weil nicht nur deren Einkommen ausfällt, sondern auch noch eine Hilfe für die Kinderbetreuung finanziert werden müsste.

Preiswerte Risikolebensversicherungen

Bei Risikolebensversicherung entscheidet allein der Preis für eine bestimmte Versicherungssumme. Hier im Beispiel: Versicherungssumme 150.000 Euro bei einer Laufzeit bis zum 65. Geburtstag.

DIE ZEHN BESTEN POLICEN FÜR 27-JÄHRIGE FRAUEN

Versicherer	Tarif	Jahresbeitrag (Euro)
Angebote für Nichtraucher		
Cosmos Direkt	CR.64	115
ERGO Direkt	M6	120
Neckermann	M6	120
Hannoversche Leben	T1N F	128
Ontos	TGN009	132
Europa	E-T2	139
DLVAG	LOF (DL)	142
Cosmos Direkt	CRC.64	144
Interrisk	SR1 N	152
WGV	R1F	152
Grundtarif/Rauchertarif		
Interrisk	SR1	228
Ontos	TGR009	244
Interrisk	VR1	260
Huk24/Huk Coburg	W24	267
Karlsruher	KS	268
Ergo Direkt	M6	277
Neckermann	M6	277

CosmosDirekt	CR.64	288
SDK	NOF	289
Bayern-Versicherung	RU	293

DIE ZEHN BESTEN POLICEN FÜR 27-JÄHRIGE MÄNNER

Versicherer	Tarif	Jahresbeitrag (Euro)
Angebote für Nichtraucher		
Cosmos Direkt	CR.64	177
Ergo Direkt	M6	181
Neckermann	M6	181
Ontos	TGN009	203
Hannoversche Leben	T1N M	212
Europa	E-T2	213
WGV	R1M	219
CosmosDirekt	CRC.64	221
DLVAG	LOM (DL)	225
Asstel	AMM8NR+	232
Grundtarif/Rauchertarif		
Ontos	TGR009	386
Huk Coburg/Huk 24	W24	399
SDK	MOM	411

Versicherer	Tarif	Jahresbeitrag (Euro)
Ergo Direkt	M6	414
Neckermann	M6	414
Interrisk	SR1	439
CosmosDirekt	CR.24	442
Bayern-Versicherung	RU	452
Dialog	Risk-vario	470
WGV	R3M	488

Quelle: Finanztest 4/2010, Stand: 1. Februar 2010

Tipps für preiswerten Risikolebensversicherungsschutz

Auch mit der sehr preiswerten Risikolebensversicherung kann man noch Geld sparen. Dabei ergeben sich folgende Möglichkeiten:

- Nichtraucher bekommen bei vielen Unternehmen günstigere Tarife als Raucher.

- Wer einen Vertrag mit „Beitrags- oder Überschussverrechnung" wählt, zahlt in der Regel weniger als bei Verträgen mit „Todesfallbonus". Denn die Überschüsse, die die Versicherung erwirtschaftet, werden direkt dazu benutzt, die Beiträge zu senken.

- Einige Unternehmen bieten Verträge mit Nachversicherung. Dabei kann der Versicherungsschutz zunächst gering vereinbart und später bei bestimmten Anlässen (Geburt von Kindern, Einkommenserhöhungen, runden Geburtstagen, Selbstständigkeit) ohne eine erneute Gesundheitsprüfung erhöht werden.

Versicherungen für Kinder

Wer sich damit tröstet, dass seine Kinder z.B. als Schüler gesetzlich unfallversichert sind, unterliegt einem Irrtum. Mehr als ein paar hundert Euro Unfallrente – selbst bei hohen Invaliditätsgraden – sind da nicht drin. Die Rentenleistungen sind völlig unzureichend.

Unter den privaten Versicherungen für Kinder wurde und wird meist die private Unfallversicherung als die wichtigste angesehen. Deshalb haben sehr viele Familien für ihre Kinder entsprechend vorgesorgt. Das ist im Prinzip auch richtig. Die private Kinderunfallversicherung stellt eine Art Grundschutz dar.

Die Kinderunfallversicherung

Die Kinderunfallversicherung zahlt bei Invalidität nach Unfällen, ganz gleich, wo, wann und wie sie passieren (siehe Seite 27 ff.). Sie zahlt außerdem zusätzlich und unabhängig von etwaigen Leistungen der gesetzlichen Unfallversicherung.

Bei privaten Kinderunfallversicherungen kommt es im Unterschied zu Unfallversicherungen für Erwachsene auf Folgendes an:

- Entscheidend ist eine hohe lebenslange Rentenzahlung. Mindestens 1.000 Euro monatlich sollten es schon sein.

- Auf Leistungen im Todesfall kann man verzichten, denn Kinder haben keine Angehörigen zu versorgen.

- Auch Krankenhaustagegeld oder Genesungsgeld sind bei Kinder überflüssig, denn sie haben keinen Verdienstausfall.

- Auch für geringe Invaliditätsgrade sollte eine möglichst hohe Versicherungssumme vereinbart werden.

> **! ACHTUNG** **RABATTE FÜR FAMILIEN MIT KINDERN ERFRAGEN** **! ACHTUNG**
>
> Familien mit mehreren Kindern sollten nach Rabatten bei der Versicherung anfragen. Die meisten Unternehmen gewähren Preisnachlässe, wenn mehrere Kinder versichert werden.
>
> Private Unfallversicherungen für Kinder sind preiswert und bereits für Jahresbeiträge von rund 40 Euro erhältlich.

Kinderinvaliditätsversicherung

Doch gerade die Absicherung von Kindern gegen Invalidität ist ein hervorragendes Beispiel dafür, dass „billig" und „gut" ganz verschiedene Dinge sind. Denn die private Unfallversicherung ist nur die zweite Wahl. Die bessere – aber auch teurere Lösung – ist eine Kinderinvaliditätsversicherung. Der Unterschied zur Kinderunfallversicherung: Sie leistet bei gesundheitlichen Schäden nach Unfällen *und* Krankheiten. Dies ist wichtig, denn statistisch gesehen ist es drei- bis viermal so wahrscheinlich, dass Kinder aufgrund von Krankheiten gesundheitliche Dauerschäden erleiden als durch Unfälle.

Was die Kinderinvaliditätsversicherung leistet

Die Versicherung zahlt bei einer durch Krankheit oder Unfall eingetretenen Invalidität. Bei Invalidität handelt es sich laut der Definition des Schwerbehindertengesetzes um eine „nicht nur vorübergehende Funktionsbeeinträchtigung, die auf einem regelwidrigen körperlichen, geistigen oder seelischen Zustand beruht". So steht es auch in den Bedingungen der Versicherer. Versichert sind also nicht nur dauerhafte körperliche, sondern auch geistige Gebrechen.

Rente oder Kapitalabfindung

Die Versicherung zahlt eine lebenslange Rente und mitunter – je nach Tarif und Anbieter – eine zusätzliche einmalige Kapitalabfindung. Die Rente ist das Wichtigste, schließlich kann ein behindertes Kind ein Leben lang keinen Beruf ausüben oder nur eingeschränkt arbeiten. Die Kapitalabfindung ist dazu da, dass die Eltern nach einem Unfall oder einer Krankheit des Kindes z.b. das Haus oder die Wohnung behindertengerecht umbauen oder ausstatten können.

Beim Umfang der Leistungen staffeln die Versicherer ihre Zahlungen nach dem Grad der Invalidität. Diese Skala beginnt bei 20 Prozent und geht in Zehnerschritten bis 100 Prozent. Der Grad der Invalidität wird von den staatlichen Versorgungsämtern festgestellt. Mitunter richten sich die Versicherer nicht nach dem Grad der Invalidität, sondern nach der „Gliedertaxe" der privaten Unfallversicherung (siehe Seite 29 f.).

Angeboten werden Kinderinvaliditätsversicherungen als Zusatz zur Kinderunfallversicherung oder als eigenständiger Vertrag. Vorteile der einen oder der anderen Lösung bestehen nicht. Abgeschlossen werden können diese Versicherungen für Kinder im Alter von sechs Wochen bis 16 Jahren. Meistens endet die Versicherung im Alter von 18 Jahren.

KINDERINVALIDITÄTSVERSICHERUNGEN MIT 1.000 EURO MONATSRENTE*

Anbieter	Tarif	Eintrittsalter von ... bis	Jahresbeitrag Jungen (Euro)	Jahresbeitrag Mädchen (Euro)
Deutscher Ring	Junio-SchutzPlus	6. Woche-24 Jahre	Bis 14: 363 Bis 15: 470	Bis 14: 363 Bis 15: 470
Allianz	IZV	1 – 16	342	337
Barmenia	Kiss	6. Woche – 15 Jahre	296	253
BGV Badische Allgemeine	KIZ	1-16	353	295
Gothaer	Kinder-Rente	1-15	333	252

Anbieter	Tarif	Eintrittsalter von ... bis	Jahresbeitrag Jungen (Euro)	Jahresbeitrag Mädchen (Euro)
R+V**	Kinderversicherung	1-16	Bis 5: 471 Bis 10: 393 Ab 11: 340	Bis 5: 471 Bis 10: 393 Ab 11: 340
Nationale** Suisse	Junior Basis III	1-16	371	371

* Selbstständige Verträge ohne Abschluss einer Unfallversicherung
** Rente plus kleine Kapitalauszahlung
Quelle: Finanztest 1/2010

Tipps für preiswerten Kinderinvaliditätsschutz

- Wenn es finanziell möglich ist, sollten Eltern die Invaliditätsversicherung der Kinderunfallversicherung vorziehen.
- Versicherung möglichst frühzeitig abschließen, dann ist es am billigsten.
- Das Angebot ist überaus reichhaltig und vielseitig. Deshalb: Ausgiebig vergleichen, am besten mit Hilfe eines unabhängigen Vermittlers.
- Wichtig sind die Prämissen, die Eltern setzen: Eine lebenslange Rente ist besser als ein Vertrag mit einmaliger Kapitalauszahlung. Günstig ist auch eine Kombination beider Leistungsformen.
- Als monatliche Rente sollten in jedem Fall mindestens 1.000 Euro vereinbart werden.
- Wichtig ist, dass diese Rente dynamisiert, das heißt der Entwicklung der Inflationsrate angepasst wird. Ansonsten bleibt von der anfänglichen Rente nach 20 Jahren nur ein Taschengeld übrig.

- Achten sollten Eltern auf gefährliche Versicherungsausschlüsse wie z.B. bei Invalidität durch psychische Erkrankungen, Vergiftungen, Infektionen, HIV oder Suchtmittel.

- Wichtig ist auch der vorgeschriebene Nachweis der Schwerbehinderung. Die Feststellung durch das Versorgungsamt ist günstiger als der Nachweis durch die Pflegekasse. Dann zahlt die Versicherung nur bei Schwertspflegebedürftigkeit (Pflegestufe III), also wenn das Kind mindestens fünf Stunden täglich Pflegehilfe beim Essen, Waschen und Anziehen benötigt.

Gute Kinderinvaliditätsversicherungen kosten z.b. für Dreijährige rund 400 Euro Jahresbeitrag. Versichert ist dabei eine lebenslange Rente von 1.000 Euro oder eine einmalige Kapitalzahlung von 100.000 Euro.

> **GESUNDHEITSFRAGEN GEWISSENHAFT BEANTWORTEN**
>
> Achten sollten Eltern auf die gewissenhafte Beantwortung der Gesundheitsfragen. Wer eine bereits vorhandene Krankheit oder gesundheitliche Beeinträchtigung verschweigt, riskiert, dass die Versicherung vom Vertrag zurücktreten kann. Das heißt, das Kind steht dann im Ernstfall ohne Versicherungsschutz da, obwohl die Eltern jahrelang Beiträge gezahlt haben.

Ausbildungsversicherungen

Die Ausbildung von Kindern ist teuer. Ein Studium kann die Eltern schon mal zwischen 40.000 und 100.000 Euro kosten. Die Versicherer bieten dafür Ausbildungsversicherungen an. Dabei handelt es sich um eine Kapitallebensversicherung, die Erwachsene zu Gunsten der Kinder abschließen. Solche Versicherungen können Eltern nicht nur für die Ausbildung, sondern auch für die Aussteuer der Tochter oder generell für die Familiengründung der Kinder abschließen. Der Zweck richtet sich nach dem vereinbarten Ablauftermin, z.B. zum 18. Geburtstag des Kindes, zum Studienbeginn oder zur Heirat. Stirbt der Versicherte vor Ablauf des Vertrages, müssen keine weiteren Beiträge gezahlt werden. Das Kind erhält jedoch trotzdem am Ende der Laufzeit die Versicherungssumme ausgezahlt.

Oftmals wollen Großeltern, Onkel oder Tanten den Kindern etwas Gutes tun und schließen solche Versicherungen ab. Das hört sich verlockend an, denn die Angehörigen können dabei Gutes tun. Mitunter rückt der Vermittler auch noch steuerliche Vorteile ins rechte Licht, die entstehen können, wenn beispielsweise Großeltern solche Verträge zugunsten ihrer Enkel abschließen. Doch das hohe Eintrittsalter der Versicherungsnehmer wirkt sich ungünstig auf die Prämie aus. Wenn überhaupt eine Ausbildungsversicherung, dann sollten sie die Eltern abschließen. Denn je jünger die versicherte Person ist, umso höher ist die Rendite.

Allerdings liegt dort auch das Problem der Ausbildungsversicherungen. Die Renditen sind ziemlich mager. In „Normalzinszeiten", das heißt, wenn die Zinsen für Spareinlagen nicht – wie im Gefolge der Finanzkrise – künstlich niedrig gehalten werden, bieten andere sichere Sparformen bessere Erträge. Das betrifft vor allem Bundeswertpapiere oder langfristige Banksparpläne.

> **! ACHTUNG   KINDERGELD FÜR AUSBILDUNGSVERSICHERUNG VERWENDEN   ! ACHTUNG**
>
> Wenn Eltern das Kindergeld nicht unbedingt für das Familienbudget benötigen, können sie die Summe oder zumindest einen Teil davon regelmäßig in eine Ausbildungsversicherung einzahlen. Das ist bequem und sicher und wegen der langen Laufzeit des Vertrages kann eine beträchtliche Summe zusammenkommen. Eine Ausbildungsversicherung ist zwar nicht ideal, aber immer noch besser als gar nicht für die Ausbildung der Kinder zu sparen.

Versicherungen für das Hab und Gut

Auto, Fernseher, Videoausrüstung, Waschmaschine, Kühlschrank etc.: die meisten deutschen Haushalte sind reich bestückt mit den Gütern der Wohlstandsgesellschaft. Im Laufe eines Erwerbslebens summieren sich die Werte. Weil die meisten Menschen besser wissen, was ihr Hab und Gut gekostet hat als dass sie den Wert ihrer Arbeitkraft realistisch einschätzen können, haben sie zu Sachversicherungen ein deutlich engeres Verhältnis als zu Vorsorgeverträgen. Fast acht von zehn Haushalten haben deshalb eine Hausratversicherung abgeschlossen, aber nicht einmal jeder vierte hat das ungleich gefährlichere Risiko der Berufs- oder Erwerbsunfähigkeit abgesichert.

Die Hausratversicherung

Alle zwei bis drei Minuten passiert ein Wohnungseinbruch in Deutschland, rund 600.000 Brandschäden pro Jahr registrieren die Versicherer, dazu 260.000 Leitungswasserschäden und rund 400.000 gestohlene Fahrräder, die Anzahl und Schwere der Sturm-, Hagel- und Überschwemmungsschäden wächst mit der Erderwärmung. Es gibt viele Gründe, sich um sein Hab und Gut zu sorgen. Je wertvoller der Hausrat, umso wichtiger ist eine ausreichende Hausratversicherung.

Die Hausratversicherung ist ein Allround-Talent. Sie gewährt Schutz gegen viele Gefahren des täglichen Lebens – und das nicht nur zu Hause, sondern in bestimmtem Maße auch auf Reisen. Versichert sind auch Sachen, die fremdes Eigentum sind, wenn sie zum Hausrat gehören, z.B. geliehene Gegenstände, Eigentum von Gästen oder Dinge, die – weil auf Kredit gekauft – noch Eigentum der Bank sind.

Was versichert ist

Die Hausratversicherung umfasst den gesamten Hausrat, also alles, was zum Gebrauch und Verbrauch gehört:

- Die Wohnungseinrichtung: z.B. Möbel, Teppiche, TV- und Videogerät, Kameras, Camcorder, Bilder;

- Gebrauchsgegenstände: z.B. Haushaltsgeräte, Spielsachen, Kleidung, Wäsche, Bücher;

- Verbrauchsgüter: z.B. Nahrungs- und Genussmittel, Vorräte, Brennstoffe;

- Freizeitausrüstungen: z.B. Fahrrad, Kanus, Ruderboote, Surfgeräte, Falt- und Schlauchboote, Flugdrachen;

- Arbeitsgegenstände, die dem Beruf dienen: Werkzeuge, Geräte, Berufsbekleidung;

- Wertsachen: z.B. Bargeld, Urkunden, Briefmarken Wertpapiere, Sparbücher, Schmuck, Münzen, Pelze, Gemälde, Plastiken, Antiquitäten – bis zu einer bestimmten Wertgrenze.

Nicht versichert sind in der Hausratversicherung lediglich Gebäudeteile (außer Markisen und Antennen), Kraftfahrzeuge sowie der Hausrat von Untermietern.

Wogegen der Hausrat versichert ist

Die Versicherer sprechen von „versicherten Gefahren". Dazu gehören Brand, Blitzschlag, Explosion und Implosion, Einbruchdiebstahl und Vandalismus, Raub, Leitungswasser, Sturm und Hagel. Allerdings kommt es im Einzelnen genau darauf an, was unter diesen Gefahren zu verstehen ist. Nicht alles, was qualmt, ist z.B. ein Brand. Genau steht das im berühmten „Kleingedruckten" des Versicherungsvertrages, es lässt sich jedoch folgendermaßen zusammenfassen:

Die Hausratversicherung

VERSICHERT ODER NICHT VERSICHERT?

Gefahr	Versichert	Nicht versichert
Brand	Feuer, das sich allein ausbreitet	Sengschäden, z.B. durch Zigarettenglut oder Bügeleisen
Blitzschlag	Unmittelbares Auftreffen des Blitzes auf die versicherte Sache	Schäden an elektrischen und elektronischen Geräten durch Blitzeinschlag in die Stromleitung (Überspannungsschaden)
Explosion	Energiefreisetzung durch Gase oder Dämpfe bzw. Über- oder Unterdruck	Bersten von Gefäßen durch gefrorene Flüssigkeiten
Einbruchdiebstahl	Gewaltsames Eindringen in die Wohnung	Eindringen des Diebes durch offene Türen oder Fenster, Diebstahl von Gegenständen, die sich im Freien befinden (Gartenmöbel, Wäsche auf der Leine)
Raub	Diebstahl unter Androhung oder Einsatz von Gewalt	Trickdiebstahl
Leitungswasser	Wasser, das aus geplatzten Rohrleitungen oder Schläuchen austritt	Schäden durch Grundwasser, Regen, Überschwemmung, Hochwasser, Rückstau

! EINSCHLUSS VON NICHT VERSICHERTEN SACHEN !

Einige der nicht versicherten Gefahren kann man extra in den Hausratvertrag einschließen lassen, so z.B. Überspannungsschäden oder Überschwemmungsschäden.

Wonach sich die Prämie richtet

Von drei Dingen hängt der Beitrag im Wesentlichen ab: Von der Versicherungssumme, vom Deckungsumfang sowie von der geografischen Lage. Das ist nur logisch: Je höher die versicherten Werte, desto mehr kostet die Versicherung. In städtischen Ballungsgebieten sind die Gefahren – z.B. durch Einbruch – größer als im ländlichen Raum; deshalb bezahlen Berliner, Hamburger und Frankfurter für die gleiche Versicherungssumme mehr als Einwohner von Schwäbisch Hall, Neubrandenburg oder Fulda.

Die richtige Versicherungssumme finden

Damit bei einem Schaden kein Verlust entsteht, muss die Versicherungssumme für den Hausrat immer dem tatsächlichen Versicherungswert entsprechen. Dies ist der aktuelle Neuwert, das heißt der Wiederbeschaffungswert von Sachen gleicher Art und Güte in neuwertigem Zustand.

Die meisten Versicherer bieten zur Berechnung der Versicherungssumme eine einfache Lösung an: Die Anzahl der Quadratmeter Wohnfläche wird mit 650 Euro multipliziert. Eine Familie mit einer 90 Quadratmeter großen Wohnung käme damit auf eine Versicherungssumme von 58.500 Euro. Dies würde für eine Familie in einem Wohnort mit mittlerem Risiko, z.B. in Hannover, (je nach Anbieter und Vertrag) etwa zwischen 120 und 180 Euro Jahresbeitrag kosten.

Vorsicht Falle: Unterversicherung

Wenn der Versicherungsvertreter die Versicherungssumme nach der oben genannten Formel pauschal berechnet, verzichtet die Versicherung bei einem Schaden darauf zu prüfen, ob der Hausrat unterversichert, das heißt in Wirklichkeit mehr wert war. Im Versicherungsdeutsch heißt dies, sie verzichtet auf die „Einrede der Unterversicherung". Das ist bequem, denn die Versicherung zahlt bei einem Schaden dann immer den vollen Neuwert.

Ansonsten haben Versicherte bei Unterversicherung im Schadenfall einen doppelten Verlust zu tragen. Den der zerstörten, entwendeten oder beschädigten Sachen und den der unzureichenden Entschädigung. Denn bei Unterversicherung zahlen die Versicherer nur anteilig. War der Hausrat beispielsweise nur zu zwei Drittel seines wahren Wertes versichert, gibt es auch nur zwei Drittel der Schadensumme als Entschädigung. Es nutzt also nichts, bei der Versicherungssumme und damit beim Beitrag zu sparen, denn dann zahlt man im Schadenfall drauf.

Mehr als die Höchst-Versicherungssumme gibt es bei einem Totalschaden jedoch nicht. Familien, die einen wertvollen Hausrat besitzen, sollten deshalb prüfen, ob die Pauschale ausreicht. Ansonsten wären sie unterversichert.

> **! ACHTUNG ANPASSUNG DER VERSICHERUNGSSUMME NACH ANSCHAFFUNGEN ! ACHTUNG**
>
> Auch wenn größere Anschaffungen den Wert des Hausrats erhöhen, sollten Familien dies der Versicherung melden und eine Höherversicherung vornehmen lassen.

Wenn der Hausrat „außer Haus" ist

Die Hausratpolice schließt eine „Außenversicherung" ein. Dies bedeutet, dass Sachen, die Eigentum des Versicherungsnehmers oder einer mit ihm in häuslicher Gemeinschaft lebenden Person sind oder die deren Gebrauch dienen, auch versichert sind, solange sie sich bis zu drei Monaten vorübergehend außerhalb der Wohnung befinden, z.B. auf Reisen. [Meist gilt der Schutz weltweit.] Allerdings ist die Entschädigung auf einen bestimmten Prozentsatz der Versicherungssumme, z.B. zehn Prozent, und auf eine bestimmte Höchstsumme, z.B. 10.000 Euro, beschränkt.

Nicht beschränkt auf den Zeitraum von drei Monaten ist die Außenversicherung für Versicherte und mit ihnen in häuslicher Gemeinschaft lebende Angehörige, die beim Wehr- oder Zivildienst bzw. während der Ausbildung außerhalb der versicherten Wohnung leben. Das heißt, dass z.B. der Hausrat der Kinder in der Studentenbude, im Wohnheim oder in der Kaserne solange durch die Hausratversicherung der Eltern mit geschützt ist, bis sie einen eigenen Hausstand gründen.

Der Weg zur günstigen Hausratversicherung

Die besten Hausratversicherungen gibt es nicht. Je nach Anbieter ist der Versicherungsumfang unterschiedlich und damit auch die Prämie. Mitunter sind bestimmte Risiken im Basisvertrag eingeschlossen, manche müssen gegen einen Beitragsaufschlag zusätzlich versichert werden.

Eine gute Hausratversicherung deckt – neben einem Basisschutz – weitere Risiken ab. Folgende Risiken sollten vor Vertragsabschluss darauf geprüft werden, ob sie eventuell zusätzlich versichert werden sollten:

- Reicht die Entschädigungsgrenze für **Wertsachen**? Meist beträgt sie nur 20 Prozent der Versicherungssumme.
- Sind **Fahrräder** mitversichert? Wenn ja, reicht die Entschädigungsgrenze aus?
- Sind **Überspannungsschäden** mitversichert?
- Ist der **Diebstahl von Kraftfahrzeugen** mitversichert?
- Sind **Elementarschäden** (z.B. Überschwemmung) versichert?

PREISWERTE HAUSRATVERSICHERUNGEN

Unternehmen	Tarif	Jahresbeiträge für Modellwohnungen (Euro) in:			
		01705 Freital	26388 Wilhelmshaven	47137 Duisburg	51107 Köln
DEVK Eisenbahn	Komfort	44	55	84	105
Docura	Basis	50	64	86	113
NV	HausratSpar	52	64	107	169

WGV	Basis	54	66	105	118
Huk 24	Classic	58	73	116	129
Gothaer	Hausrat	59	77	133	133
DEVK	Komfort	60	76	116	145
Adler/PVAG	Basis	61	82	143	164
Grundeigentümer	Pro Domo Basis	61	69	107	107
Häger	Basis	61	84	107	146
Medien	Standard	62	79	113	134
DEVK Eisenbahn	Plus	63	75	103	124
Huk Coburg Allg.	Classic	64	78	124	137
WGV	Optimal	64	77	124	138
Europa	Basis	65	81	146	173

Stand: 1. März 2010, Quelle: FinanzTest 6/2010

Tipps für preiswerten Hausratversicherungsschutz

- Mehrere Angebote einholen und vergleichen. Das geht auch im Internet.

- Bei knappem Budget den Basisschutz (Einbruchdiebstahl, Feuer, Leitungswasser, Sturm und Hagel) nur um solche Deckungen erweitern, die bei einem Schaden schmerzhaft ins Geld gehen.

- Angebote lokaler Anbieter nutzen; sie sind mitunter günstiger als solche überregionale Anbieter.

- Zielgruppenangebote, z.B. für junge Leute, Singles, Angehörige des Öffentlichen Dienstes, Senioren nutzen.

- Auf jeden Fall Unterversicherung vermeiden, dafür Versicherungssumme regelmäßig überprüfen.

- Wertgegenstände fotografieren, Rechnungen und Belege aufbewahren, Schäden schnell melden: Das ermöglicht dem Versicherer eine zügige Schadensregulierung.

Die Reisegepäckversicherung

Auf Reisen das Gepäck einzubüßen ist zwar eine schlimme Vorstellung, doch braucht man dafür eine Versicherung? Jeder möge im Geiste den Wert der Sachen addieren, die sich in seinem Urlaubskoffer befinden und abschätzen, ob der Ersatz bei einem Verlust oder bei einer Beschädigung zu einem finanziellen Desaster führt. Das wird wohl in der Regel nicht der Fall sein. Und der Ärger, wenn auf Reisen das Gepäck abhanden kommt, kann ohnehin nicht finanziell entschädigt werden.

Die Reisegepäckversicherung gehört aber aus ganz anderen Gründen zu den eher entbehrlichen Versicherungen. Zum einen ist das Gepäck in vielen Fällen ohnehin versichert, auch ohne Reisegepäckversicherung. Für Beschädigungen oder den Verlust von Reisegepäck während des Transports muss das Transportunternehmen – Airline, Bahn oder Busunternehmen – zahlen. Wer eine Hausratversicherung abgeschlossen hat, ist über die Außenversicherung für das Gepäck auf Reisen zumindest teilweise versichert (siehe Seite 89). Sie bezahlt z.B. für Schäden bei einem Raub oder bei einem Einbruch ins Hotelzimmer.

Zum anderen bietet die Reisegepäckversicherung nur einen sehr lückenhaften Schutz und in manchen Fällen versagt sie völlig.

Aufpassen ist besser als versichern

Die Versicherer stellen hohe Anforderungen an das Verhalten der Reisenden. Sie laufen darauf hinaus, dass das Gepäck ständig und lückenlos unter der persönlichen Aufsicht des Versicherten stehen muss. Wer z.B. auf dem Flughafen seinen Koffer in der Wartehalle abstellt und ihn nicht ständig selbst beaufsichtigt – das heißt im Blick hat –, handelt fahrlässig und bekommt keine Entschädigung. Geld, Schecks und Tickets ersetzen die Versicherer ohnehin nicht. Versicherungsschutz für Wertgegenstände – dazu gehören neben Schmuck auch Foto-, Film- und Videoausrüstungen - besteht nur, wenn diese Sachen ständig beaufsichtigt oder in einem verschlossenen Raum untergebracht waren. Wer z.B. seine Videokamera im abgeschlossenen, aber unbewachten Reisebus zurücklässt, während er mit der Reisegesellschaft im Restaurant einkehrt, hat keinen Anspruch auf Schadensersatz.

Im Auto sieht es nicht viel besser aus. Bei Diebstahl aus dem verschlossenen Auto zahlt die Versicherung, wenn das Fahrzeug ständig bewacht war. Die Aufsicht auf einem bewachten Parkplatz, der ansonsten für die Allgemeinheit zugänglich ist, reicht dafür nicht aus. War das Auto unbewacht, müssen die Sachen im verschlossenen Innen- oder Kofferraum liegen. Die Versicherung zahlt nur, wenn der Schaden zwischen 6 und 22 Uhr eintritt, das Fahrzeug nachts in einer abgeschlossenen Garage stand oder die Fahrt nur zwei Stunden unterbrochen war.

Wer das alles beherzigt, muss sich im Schadensfall mit wenig Geld zufrieden geben. Denn die Reisegepäckversicherung ersetzt nicht den Neuwert, sondern nur den Zeitwert. Für Wertgegenstände gibt es höchstens die Hälfte der Versicherungssumme.

Vorsicht: Reiseversicherungen im Paket

Viele Reiseveranstalter bieten Urlaubern komplette Verssicherungspakete für die Reise an. Sie enthalten meist eine Kombination aus Haftpflicht-, Unfall-, Rücktrittskosten-, Kranken-, Reisegepäck- und Rechtsschutzversicherung und sind mit umfangreichen Assistance-Leistungen gekoppelt, wie z.B. Bargeld- und Dokumentenservice und 24-Stunden-Hotline für den Notfall. Dies erscheint bequem, ist jedoch selten sinnvoll. Denn für die wichtigsten Risiken wie Krankheit, Haftpflicht und Unfall sollten Familien ohnehin Versicherungen abgeschossen haben. Durch die Reisepaketversicherung entsteht eine überflüssige Doppelversicherung. Dieser Versicherungsschutz ist zumeist sogar lückenhaft, weil die Deckungssummen für eine echte Katastrophe, z.B. bei einem großen Haftpflichtschaden, nicht ausreichen.

Wichtig: Reiserücktrittskostenversicherung

Ganz anders verhält es sich mit Reiserücktrittskostenversicherungen, die ebenfalls über die Reisebüros angeboten werden. Versichert sind die Stornokosten bei Reiserücktritt abzüglich einer möglichen Selbstbeteiligung. Das macht vor allem bei teuren Reisen Sinn und allen Reisen, die lange im Voraus gebucht worden sind.

Allerdings muss es sich um wichtige Gründe handeln, wie z.b.

- Tod von Angehörigen oder Mitreisenden;

- Unfall und unerwartete schwere Erkrankungen, für die der Erkrankte ein entsprechendes Attest vom Arzt vorlegen muss;

- Schwangerschaft – wenn das Risiko einer Reise zu hoch ist;

- unerwartete Impfuntauglichkeit (bei Reisen in tropische Länder, für die bestimmte Impfungen dringend empfohlen werden);

- erhebliche Schäden am Eigentum, wie Einbruchdiebstahl, Elementarschäden wie Überschwemmung und Sturmschaden oder Wohnungsbrand.

- plötzliche Arbeitslosigkeit aus betriebsbedingten Ursachen oder ein neuer Arbeitsplatz nach Arbeitslosigkeit.

Unaufschiebbare Arbeiten in der Firma bzw. tatsächliche oder vermeintliche Unabkömmlichkeit im Job zählen nicht zu den versicherten Gründen.

Die Gebäudeversicherung

Wer im Eigenheim wohnt, braucht eine Gebäudeversicherung – zusätzlich zur Hausratversicherung! Denn die Hausratversicherung gilt nur für den Inhalt der Wohnung oder des Hauses. Wer auf eine Gebäudeversicherung verzichtet, dem könnte bei einem Brand folgendes passieren: Die Versicherung bezahlt für die zerstörten Möbel, Bücher, Elektrogeräte und Kleidungsstücke, den abgebrannten Dachstuhl, die zerstörten Fenster, die ver-

Die Gebäudeversicherung

kohlten Zimmertüren, den Fußbodenbelag und die Einbauküche jedoch nicht.

Weil die eigenen vier Wände zumeist die größte Investition im Leben einer Familie darstellen, ist der Versicherungsschutz besonders wichtig.

Was versichert ist

Eine Gebäudeversicherung schützt nicht nur den eigentlichen Baukörper, sondern auch alle mit dem Gebäude fest verbundenen Einbauten wie z.b. Einbauschränke, Einbauküchen, fest verlegte Fußbodenbeläge, Zentralheizungsanlagen, sanitäre Installationen und die elektrischen Anlagen. Selbst Zubehör, das der Instandhaltung des Gebäudes oder dessen Nutzung zu Wohnzwecken dient, wird in dem Sammelbegriff Gebäude erfasst. Es gehören also auch Brennstoffvorräte, am Gebäude fest angebrachte Antennen, Markisen und Überdachungen dazu.

Gegenstände, die nicht fest am Haus angebracht sind, wie z.B. Hundehütte, Fahnenmast, Mülltonne oder Grundstückszaun, sind nicht automatisch durch die Gebäudeversicherung geschützt, können jedoch - wie auch Nebengebäude und Garagen - gegen Aufpreis eingeschlossen werden.

Wogegen die Gebäudeversicherung schützt

Ganz ähnlich wie die Hausratversicherung zahlt die Gebäudeversicherung bei Schäden durch Brand, Blitzschlag, Explosion, Leitungswasser, Sturm und Hagel sowie zusätzlich gegen den Aufprall von Luftfahrzeugen, seinen Teilen oder seiner Ladung. Doch auch hier steckt der Teufel im Detail und nicht alles ist versichert, was denkbar ist:

VERSICHERT ODER NICHT VERSICHERT?

Gefahr	Versichert	Nicht versichert
Brand	Einwirkung von Feuer, Blitzschlag oder Explosion sowie Absturz von Flugkörpern, ihrer Teile oder Ladungen	Brandschäden in Folge von Rußablagerungen im Schornstein, durch Zigarettenkippen auf dem Parkett, ausgeglühte Heizkessel, Überspannung in elektrischen Anlagen

Wasser	Schäden durch Wasser und Wasserdampf aus Zu- und Abflussleitungen, aus Warmwasser- oder Dampfheizungen, aus Klima-, Wärmepumpen- und Solarheizanlagen, Aquarien und Wasserbetten, durch Bruch und Frost an Zu- und Ableitungen,	Niederschläge, Grund- und Hochwasser, stehende oder fließende Gewässer, witterungsbedingter Rückstau, Plansch- und Reinigungswasser, Hausschwamm
Sturm und Hagel	Schäden ab Windstärke 8, auch durch umgestürzte Bäume und sonstige Gegenstände, die der Sturm auf das Gebäude wirft	Sturmflut oder Lawinen, Regen, Hagel, Schnee oder Schmutz, wenn durch unverschlossene oder undichte Türen und Fenster eingedrungen

Generell nicht versicherbar sind alle Schäden durch Kriegsereignisse, innere Unruhen, Erbeben und Kernenergie.

> **! ACHTUNG ELEMENTARSCHÄDEN ZUSÄTZLICH VERSICHERN ! ACHTUNG**
>
> Schäden durch Überschwemmungen, Schneedruck, Lawinen, Erdbeben und Erdrutsch lassen sich durch eine zusätzliche Elementarschadenpolice versichern, meist als Zusatz zur Gebäudeversicherung.

Versichert sind Schäden, Kosten und Mieten

Der Schutz einer Gebäudeversicherung gilt nur für genau definierte versicherte Gefahren (siehe Tabelle). Sie bezahlt darüber hinaus für:

- **Folge- und Einwirkungsschäden**, z.B. wenn Regen durch das vom Sturm zerstörte Dach eindringt und als Folge sich die Tapeten von der Wand ablösen.

- Kosten für **Aufräumungsarbeiten**, Abbruch, Sicherstellung und erforderliche Schutzmaßnahmen (z.b. Notabdeckung des Dachs) sowie Mehrkosten, Preissteigerungen oder Auflagen der Baubehörden beim Wiederaufbau.

- **Mietausfall**, wenn vermietete Teile des Gebäudes nicht mehr zu benutzen sind. Gebäudeeigentümer, die das Haus selbst bewohnen, bekommen den ortsüblichen Mietwert als Entschädigung für die Zeit, in der das Gebäude nicht bewohnbar ist.

Wovon der Preis abhängt

Der Beitrag richtet sich natürlich nach der Versicherungssumme des Gebäudes. Weiterhin spielt die Leitungswasserzone (von I mit dem weichsten Wasser bis IV mit dem härtesten) und die Sturmzone (I und II, Trennung an der Linie Köln-Hannover-Berlin) bei der Berechnung des Beitrags eine Rolle. Diese Kriterien können Hausbesitzer nicht beeinflussen.

Richtig versichern

Hausbesitzer können sich nach verschiedenen Versicherungswerten versichern.

- **Zum dynamischen oder gleitenden Neuwert:** Das ist die beste Variante. Nach einem Schaden bezahlt die Versicherung in jedem Fall die Kosten für die Wiederherstellung des Gebäudes, auch wenn inzwischen die Baupreise explodiert sein sollten.

- **Zum Neuwert:** Damit ist nur die Wiederbeschaffung zu Preisen im Jahr der Fertigstellung versichert. Um Unterversicherung zu vermeiden, muss der Versicherte selbst die Entwicklung der Baupreise beobachten und bei Steigerungen die Versicherungssumme anpassen.

- **Zum Zeitwert:** Bei älteren Gebäuden kann die Wertminderung vom Neuwert abgezogen werden. Dies führt zwar zu niedrigen Prämien, im Schadensfall bleibt der Eigentümer allerdings auf einem Großteil der Kosten sitzen.

Die richtige Versicherungssumme ermitteln

Für die Wertermittlung gibt es verschiedene Möglichkeiten:

- Nach **Wohnfläche und Ausstattung**: Dazu haben Versicherungsvertreter Summenermittlungsbögen. Die Entwicklung der Baupreise berücksichtigt diese Methode jedoch nicht, so dass bei einem Schaden nach vielen Jahren die Situation entstehen kann, dass die Zahlungen von der Versicherung nicht mehr für einen Wiederaufbau ausreichen.

- Nach dem **Neubauwert**: Hausbesitzer können auch den Neubauwert angeben. Das sind die Baukosten plus aller Baunebenkosten und Gebühren. Dann passiert etwas zunächst Eigenartiges: Der Versicherungsberater ermittelt aus diesem Wert die „Versicherungssumme 1914", die dem Neubauwert des Jahres 1914 entsprechen soll. Keine Angst, so wenig zahlt die Versicherung im Schadensfall nicht. Denn dieser Wert ist nur eine Basiszahl, ein Vergleichswert, der dann mit einem Anpassungsfaktor multipliziert wird. Dieser Anpassungsfaktor wird jedes Jahr vom Statistischen Bundesamt festgelegt und berücksichtigt die aktuelle Baupreisentwicklung.

Auf diese Weise wird eine Versicherung zum gleitenden Neuwert möglich. Ist die „Versicherungssumme 1914" richtig ermittelt, besteht ausreichender Versicherungsschutz. Das heißt, die Versicherung haftet über die Versicherungssumme hinaus bis zur tatsächlichen Höhe der ortsüblichen Kosten für einen Neubau des Gebäudes.

GÜNSTIGE WOHNGEBÄUDEVERSICHERER

Versicherer	Jahresbeiträge für Beispielhaus mit VS 1914 über 23.000 Mark in ...			
	01705 Freital	26388 Wilhelmshaven	47137 Duisburg	51107 Köln
Adler	203 Euro	225 Euro	236 Euro	236 Euro
Ammerländer	202 Euro	202 Euro	202 Euro	202 Euro
Dolleruper	221 Euro	221 Euro	221 Euro	221 Euro

Häger	239 Euro	276 Euro	239 Euro	239 Euro
Interrisk	210 Euro	210 Euro	210 Euro	210 Euro
WGV Schwäbische Allgemeine	202 Euro	221 Euro	239 Euro	239 Euro

Tipps für preiswerten Wohngebäudeversicherungsschutz

- Die Prämien sind sehr unterschiedlich. Deshalb mehrere Angebote einholen und vergleichen. Eine niedrige Beitragssumme ist ein Auswahlkriterium, vor allem wenn Zusatzleitungen im Basisschutz mitversichert sind.

- Nützliche Zusatzleistungen sind die Mitversicherung von Überspannungsschäden durch Blitz, von Feuernutzwärmeschäden, von Aufräum-, Abbruch-, Bewegungs- und Schutzkosten, von Mehrkosten aufgrund behördlicher Auflagen sowie von Kosten für die Dekontamination von Erdreich.

- Immer eine gleitende Neuwertversicherung vereinbaren, nur dann ist sicher gestellt, dass die Entschädigungssumme bei einem Totalschaden auch für ein neues gleichwertiges Haus ausreicht.

- Wer Um-, An- und Ausbauten bzw. größere Modernisierungen vornimmt, sollten dies umgehend der Versicherung melden. Denn dann muss die „Versicherungssumme 1914" neu festgelegt werden.

- Angebote lokaler Anbieter sowie für bestimmte Zielgruppen, z.B. öffentlicher Dienst prüfen.

Die Elementarschadenversicherung

Noch vor 20 Jahren wäre es kaum einem Versicherungsvermittler in den Sinn gekommen, seinen Kunden mit Hausbesitz eine Elementarschadenversicherung zu empfehlen. Heute erscheint das gar nicht mehr abwegig, sondern sogar ratsam. Denn durch die Klimaveränderung nehmen vor allem Überschwemmungsereignisse zu. Und das auch in Lagen, die sich nicht in der Nähe von Überschwemmungsgebieten befinden. Starkregen und damit verbundene Überschwemmungen sowie Rückstau aus der Kanalisation treten in allen Regionen Deutschland in jüngster Zeit immer öfter auf. Solche Schäden sind in der Wohngebäudeversicherung nicht versichert. Die Wohngebäudeversicherer bieten den Elementarschadenschutz aber als Zusatz zur Hauptversicherung an.

Versicherung im Paket

Versichert sind Schäden am Gebäude und an Grundstücken durch Überschwemmung, Erdbeben, Erdsenkung, Erdrutsch, Schneedruck und Lawinen. Das heißt, dass beispielsweise ein Hausbesitzer im Anhaltinischen Jessen, der sein Anwesen gegen die hin und wieder über die Ufer tretenden Wasser der Schwarzen Elster versichern will, sich auch gegen Erdbeben und Lawinen versichern muss, die ihn mit Sicherheit nie heimsuchen werden. Auch dem Besitzer eines Bergbauernhofs im Allgäu, der zwar eine Versicherung gegen Schneedruck abschließen möchte, nutzt es wenig, dass Überschwemmungen bei ihm da oben kein Thema sind.

Was aus Sicht der Hausbesitzer keinen Sinn macht, lässt sich nur dadurch erklären, dass die Unternehmen das Risiko möglichst auf viele Schultern verteilen wollen.

Gegen Elementarschäden können sich Hausbesitzer durch einen Zuschlag zum Beitrag für die Gebäudeversicherung versichern. Dieser Zuschlag wird auf die „Versicherungssumme 1914" erhoben. Diesen Wert errechnen die Versicherungsvertreter beim Abschluss eines Gebäudevertrages für jedes Eigenheim (siehe Seite 98). Die Zuschläge für die Elementarschadenversicherung richten sich nach dem Risiko, das die Lage des Gebäudes darstellt.

Im Süden meist teurer

Zu den Regionen, in denen Überschwemmungen, Erdbeben oder Lawinen besonders häufig auftreten, gehören vor allem Bayern, der Süden von Baden-Württemberg, Rheinland-Pfalz, der Süden von Nordrhein-Westfalen, Nordhessen, Sachsen und Thüringen. In diesen Gebieten versichern die

Unternehmen gegen höhere Beiträge als im übrigen Bundesgebiet. Noch teurer, weil besonders gefährdet, sind der Südosten von Baden-Württemberg und die Regionen Altenburg, Gera und Klingenthal im Osten.

Doch auch für viel Geld ist in manchen Regionen kein Versicherungsschutz zu haben. Dankend winken die Versicherer in den regelmäßig von Hochwasser betroffenen Gebieten am Rhein, an der Donau und ihren Nebenflüssen sowie an Elbe und Oder ab.

Ohne Versicherungsschutz stehen auch Küstenbewohner da. Die Elementarschadenversicherung gilt nicht für Schäden durch Sturmflut.

ZÜRS kalkuliert genau

Für die Bestimmung des Risikos verwenden die Versicherer das „Elektronische Zonierungssystem für Überschwemmungen, Hochwasser, Rückstau und Starkregen" – kurz ZÜRS genannt.

Das Risiko wird unterschätzt

Damit sind fast 98 Prozent der über 16 Millionen Wohngebäude in Deutschland versicherbar. Doch die meisten Hausbesitzer machen von dieser Möglichkeit noch keinen Gebrauch. Nur zehn Prozent lassen sich den Schutz gegen die Naturgewalten freiwillig etwas kosten.

Die Glasversicherung

Von fast allen Versicherungsunternehmen gern verkauft wird die Glasversicherung. Dabei kommt ihnen nicht nur die Angst der Kunden vor Glasbruch entgegen, sondern auch der Trend:

- Die Verglasungen von Fenstern und Türen werden immer besser und damit immer teurer. Moderne Wärmeschutzverglasungen sind Hightech-Produkte und haben ihren Preis.

- Häuser haben immer mehr Glasflächen. Glasfassaden und Glasvorbauten spielen beim Einfangen von Sonnenenergie und für die Klimatisierung von Häusern eine immer größere Rolle.

- Transparentes Wohnen mit hellen und lichtdurchfluteten Räumen, großen Glasflächen, Glaswänden und Lichtkuppeln liegt im Trend.
- Der Wohnkomfort wächst. Wintergärten oder verglaste Abdeckungen für Swimmingpools finden sich auf Grundstücken immer öfter.
- Immer mehr Hausbesitzer nutzen Sonnenkollektoren für die Erwärmung von Wasser und für die Unterstützung der Heizung. Die Kollektoren nutzen bei der Wärmegewinnung die physikalischen Eigenschaften von Glas. Bruchgefährdet sind auch die Photovoltaikanlagen auf Dächern.
- Auch im Innern ist Glas auf dem Vormarsch: Glastüren, Glaskeramik-Kochflächen und gläserne Duschkabinen gehören zu fast jeder Hausausstattung.

Trotzdem: In der Regel sind das alles noch keine hinreichenden Gründe für den Abschluss einer Glasversicherung. Für Mieter ist eine Glasversicherung überflüssig und Eigenheimbesitzer müssen entscheiden, wie hoch ein potenzieller Glasschaden sein kann und ob sie ihn auch ohne Versicherung bezahlen könnten. Wer sich für eine Glasversicherung entscheidet, sollte folgendes beachten:

Die Glasversicherung zahlt auch bei Fahrlässigkeit

Anders als die meisten Versicherungen kommt die Glasversicherung immer für einen Schaden auf, wenn etwas zu Bruch geht. Die Versicherung fragt nicht, ob der Schaden durch eigene Unvorsichtigkeit, einen Sturm, tollende Kinder oder das Ungeschick des heimwerkenden Familienvaters verursacht wurde.

Welche Glasflächen versichert sind

Bei den meisten Gesellschaften sind folgende Gläser versichert:
- Gebäudeverglasungen: Fenster, Türen, Balkontüren, Terrassentüren, Glaswände, Wintergärten, Veranden, Loggien, Wetterschutzvorbauten, Glasdächer, Brüstungen von Balkonen und Terrassen, Lichtkuppeln, Glasbausteine und Profilgläser;

Die Glasversicherung

- Sonnenkollektoren (keine Solarzellen);
- Duschkabinen;
- Mobilarverglasungen von Schränken, Vitrinen, Stand-, Wand-, und Schrankspiegeln, Glasscheiben von Bildern, Glasplatten;
- Glasscheiben und Sichtfenster von Öfen, Kaminen, Elektro- und Gasgeräten;
- künstlerisch bearbeitete Glasscheiben;
- Glaskeramik-Kochflächen (mitunter gegen Extra-Beitrag);
- Aquarien und Terrarien (mitunter gegen Extra-Beitrag).

> **! ACHTUNG AUFSTELLEN VON GERÜSTEN MITVERSICHERN !**
>
> Hausbesitzer mit aufwändigen und schwer zugänglichen Verglasungen – z.B. auf dem Dach oder über mehrere Geschosse reichend – sollten die Kosten für das Aufstellen von Gerüsten mitversichern lassen.

Was die Versicherung nicht bezahlt

- Schäden durch Oberflächenbeschädigungen (Kratzer);
- undichte Isolierverglasungen (Kondenswasserbildung und Eintrübung zwischen den Scheiben);
- Schäden an Verglasungen von Beleuchtungskörpern;
- Schäden an optischen Gläsern und Handspiegeln;
- Schäden an Hohlgläsern (Glasgefäße)

Mitunter bieten Versicherer die Glasversicherung bereits in der Bauphase des Hauses an. Der Vorteil: Geht während der Bauphase eine Glasscheibe zu Bruch, ersetzt die Versicherung den Schaden. Beitrag müssen die Hausbesitzer erst zahlen, wenn das Haus bezugsfertig ist.

Was eine Glasversicherung kostet

Für ein 120 Quadratmeter großes Eigenheim kostet die Versicherung der Gebäude- und Mobiliarverglasung – ohne Glas-Keramik-Kochflächen und Aquarien – rund 40 bis 50 Euro Jahresbeitrag.

> **! ACHTUNG GLASVERSICHERUNG AUCH BEI VERMIETUNG ! ACHTUNG**
>
> Für Hausbesitzer, die ihre Immobilie ganz oder teilweise vermieten, kann sich eine Glasversicherung lohnen. Sie erspart Auseinandersetzungen mit den Mietern über die Schäden und ihre Beseitigung. Die Kosten für die Versicherung können auf die Miete umgelegt werden.

Schutz für Photovoltaikanlagen

Gut eine halbe Million Photovoltaikanlagen stehen auf deutschen Dächern, Tendenz stark steigend. Weder die Gebäude- noch die Glasversicherung bieten Schutz. Deshalb ist in den vergangenen Jahren die Photovoltaik-Versicherung aufgekommen, die inzwischen alle großen Unternehmen im Angebot haben.

Was die Versicherung leistet:

Bei der Photovoltaikversicherung handelt es sich um eine sogenannte Allgefahrendeckung. Versichert sind

- Schäden der Überspannung (Gewitter, Blitzschlag),
- Bedienungsfehler, Ungeschicklichkeit,
- Diebstahl und Vandalismus,
- Tierverbiss an Kabeln,
- Schäden durch Wasser, Hagel, Sturm oder Schneedruck,
- Ertragsausfall,
- Kosten für den Austausch einzelner Komponenten bzw. der Anlage.

> **PHOTOVOLTAIKANLAGEN IMMER VERSICHERN**
>
> Weil hinter Photovoltaikanlagen meist größere Investitionssummen stehen, die sich erst nach einigen Jahren amortisieren, sollten Hausbesitzer die Ausgabe für eine Photovoltaikversicherung nicht scheuen. Preisbeispiel: Jahresnettobeitrag ab 75 Euro für Deckungssummen bis 35.000 Euro.

Die Kfz-Versicherungen

Alljährlich im November erfasst deutsche Autohalter das Spar- und Wechselfieber. Bis zum 30. November müssen sie ihre bestehende Kfz-Versicherung gekündigt haben, wenn sie zum 1. Januar des Folgejahres zu einem neuen, preiswerteren Versicherer wechseln möchten. Die Unternehmen machen es den Kunden leicht, indem sie sich bei der Kfz-Versicherung eine Preisschlacht nach der anderen liefern. Das geht an die Substanz, die meisten Unternehmen verdienen mit der Kfz-Versicherung kein Geld, sondern zahlen welches zu. Auch wenn deshalb ein Ende der Preisschlachten absehbar ist, bleibt die Kfz-Versicherung für Autofahrer eine der Hauptsparquellen bei Versicherungsausgaben.

Eine Kfz-Versicherung hat jeder, der Halter eines Autos ist. Denn eine Kfz-Haftpflichtversicherung ist Pflicht für jedes zugelassene Fahrzeug. Als Kür können Autobesitzer außerdem Teil- oder Vollkaskoversicherungen abschließen. Die Unterschiede der Kraftfahrtversicherungen auf den Punkt gebracht:

Die Kfz-Haftpflichtversicherung

Die Kfz-Haftpflichtversicherung kommt für begründete Schadenersatzansprüche auf, die durch den Gebrauch des Fahrzeugs entstehen.

Das Wort „Gebrauch" ist wichtig, denn viele Autofahrer glauben, die Kfz-Haftpflichtversicherung sei nur für Schäden durch schuldhaftes Handeln zuständig. Weil ein Auto jedoch ein gefährliches Instrument darstellt, gilt zusätzlich zur Verschuldenshaftung auch die Gefährdungshaftung, das heißt, auf Verschulden, Vorsatz oder Fahrlässigkeit kommt es nicht an. Nur bei „unabwendbaren Ereignissen" – also wenn es weder am Fahrer noch am Fahrzeug lag – können Ausnahmen von der Verschuldenshaftung gemacht werden.

Seit dem 1. August 2002 sind diese Ausnahmen immer dann aufgehoben, wenn es um Unfälle zwischen Autos und Kindern unter zehn Jahren geht. Das bedeutet: Tritt ein Kind plötzlich zwischen parkenden Autos hervor und der Fahrer konnte dies nicht ahnen und fuhr ansonsten regelgerecht, haftet er in diesem Fall trotzdem.

Versicherung schützt die ganze Familie

Innerhalb der Familie können verschiedene Mitglieder von der Kfz-Haftung betroffen sein:

- der Versicherungsnehmer als Vertragspartner der Versicherung – derjenige, der die Beiträge zahlt;

- der Fahrzeughalter – derjenige, der das Fahrzeug in Gebrauch hat;

- der Eigentümer – derjenige, der im Besitz des Fahrzeugbriefs ist (das kann auch die finanzierende Bank sein);

- der Fahrer – derjenige, der zum Zeitpunkt des Unfalls am Steuer saß.

In der Familie gehören der Ehepartner und die Kinder, soweit sie im Besitz des Führerscheins sind, zu den berechtigten Fahrern. Kommt es zum Unfall, ersetzt die Kfz-Haftpflichtversicherung

- Personenschäden (bei Tod, Verletzung und Gesundheitsschäden);

- Sachschäden (Beschädigungen und Zerstörungen);

- Vermögensschäden (in Geld ausgedrückte Einbußen am Vermögen des Opfers).

Die Kaskoversicherungen

Kaskoversicherungen kommen für Schäden auf, die am eigenen Fahrzeug durch Beschädigung, Zerstörung oder Diebstahl entstehen. Pflicht sind sie

Die Kfz-Versicherungen

nicht, aber empfehlenswert, denn immerhin hat die „Familienkutsche" eine Menge Geld gekostet!

Die **Teilkasko-Versicherung** zahlt bei Diebstahl, Raub oder Gebrauch durch Unbefugte, bei Schäden durch Brand, Explosion, Sturm oder Hagel sowie bei Wildunfällen. Zwar sind moderne Autos mit ausgeklügelten Wegfahrsperren ausgerüstet, die Methoden professioneller Diebe werden jedoch auch immer raffinierter. Brand und Explosion kommen zwar eher selten vor, dafür nehmen Schäden durch Sturm – durch umgestürzte Bäume oder abgedeckte Dächer – sowie durch Überschwemmung und Hagel zu. Auch dafür zahlt die Teilkaskoversicherung. Nicht zu vergessen: Wildschäden, das heißt der Zusammenstoß des fahrenden Autos mit Jagdwild. Das sind Haase, Wildschwein, Reh und Hirsch, nicht aber Hund, Pferd oder Kuh. Beim Zusammenstoß mit solchen Nutz- oder Haustieren können sich Geschädigte nur an die Besitzer halten. Schließlich kommt die Teilkaskoversicherung noch für Glasbruch und Schäden an der Verkabelung durch Kurzschluss auf.

All dies bezahlt die **Vollkaskoversicherung** auch und noch mehr. Das wichtigste sind die Schäden am Fahrzeug durch Unfall, den der Fahrer selbst verursacht hat. Auch wenn Rowdies oder Nachbars Kinder den Lack zerkratzen, ist dies ein Fall für die Vollkasko. Und während der Teilkaskoversicherte bei einem Wildunfall nur Geld bekommt, wenn er mit dem Tier zusammenprallt, kann der Vollkaskoversicherte unter bestimmen Voraussetzungen auch dann auf Zahlung von seiner Versicherung hoffen, wenn er dem Tier ausgewichen und gegen eine Baum geprallt ist.

> **! VOLLKASKO OFT KAUM TEURER ALS TEILKASKO !**
>
> Ob sich eine Vollkaskoversicherung lohnt, ist eine Preisfrage. Oftmals kostet sie nicht viel mehr oder in manchen Fällen sogar weniger als eine Teilkaskoversicherung, z.B. bei Autos, die häufig entwendet werden.

Nicht alles im Auto ist versichert

Manche Autobesitzer rüsten ihr Fahrzeug kräftig auf. Doch längst nicht jedes Zubehör ist versichert. Vereinfacht gesagt sind alle Teile, die mit dem Auto fest verbunden sind und unter Verschluss waren, durch die Kaskoversicherung geschützt. Vorausgesetzt, sie waren auf das Fahrzeug zugelassen. Ein nachträglich montiertes Sportlenkrad, das nicht den Segen von TÜV oder DEKRA hat, genießt also keinen Versicherungsschutz.

Daneben fallen einige Utensilien, die sich in fast jedem Auto befinden, nicht unter den Schutz der Kaskoversicherung. Manches ist nur bis zu einer bestimmten Summe versichert – z.B. bis 1.000 Euro. Anderes muss gegen einen geringen Beitragsaufschlag extra versichert werden.

DIE WICHTIGSTEN TEILE VON A BIS Z: WAS IST WIE VERSICHERT?

Fahrzeugteil	Ohne Aufschlag versichert	Bis 1.000 Euro versichert	Gegen Aufschlag versicherbar	Nicht versichert
Abschleppseil	X			
Alarmanlage	X			
Anhängerkupplung	X			
Auspuffblenden	X			
Autoatlas/Karten				X
Bordbar *			X	
Cassettten, CDs				X
CD-Player*		X		
Dachgepäckträger*	X			
Dachkoffer			X	
Dachträger für Ski, Fahrräder, Surfbretter, Boote *	X			
Drehzahlmesser	X			

Die Kfz-Versicherungen

Ersatzteile				X	
Feuerlöscher *	X				
Fernseher*		X			
Garagenöffner				X	
Handy				X	
Heizung*	X				
Kindersitz	X				
Klimaanlage	X				
Kühlbox			X		
Lautsprecher*		X			
Leichtmetallräder und -felgen	X				
Maskottchen				X	
Navigationssystem		X			
Radio *		X			
Recorder *		X			
Reservekanister					
Schneeketten	X				
Schweller, Spoiler	X				
Sonderbereifung	X				
Staubsauger					X
Telefon*	X				
Wohnwageninventar*	X				
Zusatzinstrumente*	X				

* Soweit fest eingebaut oder durch Halterungen mit dem Fahrzeug fest verbunden

> **⚠ ACHTUNG: TEILELISTE IN DEN AGB ANSCHAUEN ⚠**
>
> Wer genau wissen will, ob und wie seine Versicherung bestimmte Teile oder Zubehör versichert, sollte sich die Teileliste in den Allgemeinen Geschäftsbedingungen anschauen. Die erhalten Versicherte beim Vertragsabschluss.

So nutzen Autofahrer den Wettbewerb der Versicherer

Die meisten Unternehmen räumen ihren Kunden großzügige Rabatte ein. Die gängigsten Preisnachlässe gelten für:

- Neufahrzeuge;
- eigene Garage oder privaten Stellplatz;
- Kunden mit Wohneigentum;
- berechtigte Fahrer, eingeschränkt auf Versicherungsnehmer und den Partner;
- berechtigte Fahrer im Alter von mindestens 23 Jahren;
- Familien mit Kindern unter 15 bzw. 16 Jahren;
- Frauen, die ausschließlich selbst fahren;
- Wenigfahrer;
- Werkstattbindung bei Reparaturen;
- schadstoffarme Fahrzeuge (niedriger CO_2-Ausstoß);
- Kunden mit besonders guter Bonität;
- langjährige Kundentreue;
- Kunden mit mehreren Verträgen beim Versicherer.

So sichern sich Autofahrer zusätzliche Leistungen

In jüngster Zeit locken Versicherer nicht nur mit Preisnachlässen, sondern auch mit verbesserten Leistungen. Beispiele dafür sind:

- verlängerte Neuwertentschädigung;
- Versicherung von Eigenschäden (wenn sich zwei Familienmitglieder gegenseitig einen Schaden zufügen);
- freie Wahl der Hauptfälligkeit (nicht mehr am 1. Januar)
- befristete Beitragsfreistellung bei unverschuldeter Arbeitslosigkeit;
- privatärztliche Behandlung nach Kfz-Unfällen;
- Allgefahrendeckungen;
- Mallorca-Police inklusive;
- Marderbissschäden in Teilkasko eingeschlossen;
- erweiterte Wildschadenklausel in Teilkasko (alle Tiere oder alle Säugetiere);
- kein Abzug „neu für alt";
- Rabattretter bei Haftpflicht und Vollkasko;
- ungekürzte Leistungen trotz grober Fahrlässigkeit (ausgenommen Drogen- und Alkoholgenuss);
- günstige Einsteigstarife für Kinder der Kunden.

Rabatte retten – Beitrag sparen

Jeder Autofahrer hat einen individuellen Schadensfreiheitsrabatt in der Kfz-Haftpflicht- und Kaskoversicherung. Unfallfreies Fahren wird belohnt, je länger desto geringer der Beitragssatz. Fahranfänger zahlen 230 Prozent der Prämie, nach 25 Jahren sind es nur noch 30 Prozent. Wer einen Schaden hat – das gilt auch bei unverschuldeten Schäden in der Kaskoversicherung – wird auf der Rabattleiter wieder heraufgestuft. Es gibt verschiedene Möglichkeiten, den Rabatt zu optimieren:

- **Rabatte übertragen:** Wenn zwei Menschen heiraten und zusammen ziehen, brauchen sie nicht immer zwei Autos. Ein Partner fährt lange unfallfrei und hat einen hohen Schadensfreiheitsrabatt. Der andere Partner zahlt wegen eines nicht lange zurückliegenden Unfalls einen hohen Beitragssatz, benötigt jedoch das Auto für den täglichen Weg zur Arbeit. Die Lösung: Der Partner mit dem hohen Schadensfreiheitsrabatt verkauft sein Auto und überträgt seinen Rabatt auf den anderen Partner und das künftig gemeinsame Auto.

- **Versicherungsvertrag vordatieren:** Wer als Fahranfänger sein erstes Auto anmeldet, zahlt 230 Prozent Beitrag von der Normalprämie. Erfolgt die Anmeldung in der ersten Hälfte des Jahres, sinkt der Beitragssatz schon zum 1. Januar des Folgejahres auf 140 Prozent. Wer das Auto jedoch erst in der zweiten Jahreshälfte anmeldet, muss im gesamten Folgejahr noch 230 Prozent bezahlen. Denn die Voraussetzung für einen Rabattnachlass im Folgejahr ist unfallfreies Fahren über mindestens sechs Monate. Die Lösung: Familien, die das Auto erst im August kaufen und anmelden, sollten den Vertrag von der Versicherung auf den 1. Juni zurückdatieren lassen. Dies ist bei fast allen Versicherungen möglich. Zwar müssen Familien dann für die Monate Juni und Juli Beitrag für ein Auto zahlen, das sie noch gar nicht hatten. Sie sparen jedoch trotzdem, wenn der Beitragssatz dann ab 1. Januar des Folgejahres von 230 auf 140 Prozent sinkt.

- **Kleine Schäden selbst bezahlen:** Wer einen Schaden an fremden Fahrzeugen oder am eigenen Auto verursacht und sich diesen Schaden von der Versicherung bezahlen lässt, wird in der Schadensfreiheitsklasse herabgestuft. Entscheidend ist nicht die Höhe der Schadenssumme, sondern die Anzahl der Schäden. Vor allem bei kleinen Schäden wie Beulen oder Dellen oder der kaputten Scheibe kann dies teuer werden. Durch die Rückstufung zahlen Autofahrer über mehrere Jahre Beiträge, die in der Summe größer sind als die Entschädigung von der Versicherung. Die Lösung: Kleine Schäden selbst bezahlen. Ob sich dies lohnt, rechnet die Versicherung aus. Bei Haftpflicht-Bagatellschäden muss die Versicherung ihrem Kunden die Höhe der Entschädigung mitteilen, die an den Geschädigten gezahlt wurde, wenn sie einen bestimmten Wert – meist 500 oder 1.000 Euro – nicht übersteigt. Bei solchen Bagatellschäden haben Autofahrer sechs Monate Zeit, den Schaden „zurückzukaufen" und damit den Schadensfreiheitsrabatt zu retten.

Tipps für preiswerten Kfz-Versicherungsschutz

- Viele Angebote einholen und vergleichen, dazu am besten Vergleichsrechner aus dem Internet nutzen (siehe unten).

- Alle Rabattmöglichkeiten ausschöpfen.

- Einige Versicherer bieten im Internet die gleichen Verträge wie beim Vertreter und gewähren Preisnachlässe beim Online-Abschluss.

- Die meisten Versicherer haben gestaffelte Produktlinien von „Basis" oder „Standard" bis „Komfort". Das Basisschutz reicht meistens völlig aus.

- Zielgruppenangebote nutzen: Für bestimmte Berufe, Angehörige des Öffentlichen Dienstes, Freiberufler, Kunden der Altersgruppe 50plus.

- Angebote der Automobilclubs prüfen. Achtung: Den Mitgliedsbeitrag als Kostenfaktor berücksichtigen.

- Angebote des Kfz-Händlers prüfen (viele Hersteller haben exklusive Kooperationen mit bestimmten Versicherungen und bieten Sonderkonditionen).

- Bei Fahrzeugen, die älter als drei Jahre sind, auf Vollkasko verzichten. Nach mehr als sechs bis acht Jahren lohnt auch der Teilkaskoschutz meist nicht mehr, denn mehr als den Zeitwert erstattet die Versicherung nicht.

- Bei kleineren Schäden nach Möglichkeit versuchen, ohne Versicherung auszukommen, um den Schadensfreiheitsrabatt zu retten.

Der Weg zur günstigen Kfz-Versicherung

Den Vermittler wegen einer Kfz-Versicherung ins Haus kommen zu lassen, lohnt sich kaum noch. Der beste Weg zum Versicherungsvergleich führt ins Internet zu folgenden Portalen:

www.aspect-online.de

www.blaudirekt.de

www.check24.de

www.einsurance.de

www.comfortplan.de

www.financescout24.de

www.forum.de

www.fss-online.de

www.info24.de

www.insurancecity.de

www.mr-money.de

www.pecupool.de

www.toptarif.de

www.transparent.de

www.geld.de

www.versicherungsvergleich.de

www.kfzversicherung.de

Die angegebenen Internetadressen erheben keinen Anspruch auf Vollständigkeit.

Vorsorgen mit Versicherungen

Sparen mit der richtigen Versicherung bedeutet nicht nur, durch Auswahl eines günstigen und leistungsstarken Tarifs Geld zu sparen. Sparen mit Versicherungen bedeutet auch Vorsorgen mit Versicherungen – der Versicherungsvertrag als Geldanlage. Das ist nicht unumstritten, insbesondere Verbraucherschützer werfen immer wieder ein, dass Sparen und Versichern zwei verschiedene Dinge sind und tunlichst voneinander getrennt werden sollten.

Das hatte insbesondere seine Berechtigung, als Millionen Deutsche ihr Geld in Kapitallebensversicherungen anlegten. Als Sparvertrag sind sie unflexibel, deshalb kündigten viele Versicherte die Verträge vorzeitig und nicht selten mit Verlust. Seitdem die Erträge nicht mehr komplett steuerfrei sind, hat die Kapitallebensversicherung an Bedeutung eingebüßt.

Dennoch ist Vorsorgen mit Versicherungen ein Thema und der Staat ermuntert dazu. Weil der Gesetzgeber die Leistungen der gesetzlichen Rentenversicherung immer mehr kürzt, sollen die Bürger privat fürs Alter mehr vorsorgen, unter anderem mit Versicherungen. Die Basisrente, die Riester-Rente, die betriebliche Altersvorsorge und die private Rente, immer sind Versicherungsprodukte im Spiel, oft sogar überwiegend oder ausschließlich. Teilweise fördert der Staat die Vorsorge mit solchen Produkten. Sparen mit der richtigen Versicherung heißt folglich auch, einerseits das passende Vorsorgeprodukt auszuwählen und andererseits die maximale Förderung dafür zu erlangen.

Die Riester-Rente

Die Riester-Rente heißt so, weil ein ehemaliger Arbeitsminister namens Walter Riester als geistiger Urheber dieser Art der Altersvorsorge gilt. Die Riester-Rente wurde ersonnen, damit Arbeitnehmer den Abbau bei der gesetzlichen Rente durch privates Sparen kompensieren. Betrug das Rentenniveau der gesetzlichen Rente im Jahr 2002 noch knapp 70 Prozent des Nettodurchschnittseinkommens, sinkt es bis zum Jahr 2035 auf rund 50

Prozent. Das heißt, wer im Jahr 2035 in die Rente geht, bekommt bedeutend weniger als frühere Rentnergenerationen. Schon deshalb ist die Riester-Rente ein Muss!

Riester-Sparen wird gefördert

Die Sparanstrengungen werden vom Staat honoriert und das durchaus großzügig. Bei Vorliegen der Fördervoraussetzungen zahlt der Staat für das Sparen:

- **Grundzulage:** 154 Euro pro Person pro Jahr
- **Kinderzulagen:** 185 Euro pro Kind (für ab 1.1.2008 geborene Kinder 300 Euro) pro Jahr
- **Einsteigerbonus:** Einmalig 200 Euro für junge Sparer bis zum 25. Lebensjahr
- **Sonderausgabenabzug:** Maximal 2.100 Euro pro Jahr.

Diese Förderbeträge erhält, wer vier Prozent vom Bruttoeinkommen des Vorjahres in einen zertifizierten Riester-Sparvertrag einzahlt. Dabei setzt sich die Einzahlungssumme aus Eigenbeträgen und den Zulagen zusammen. Wer also wissen möchte, wie viel er selber aus seinem Einkommen aufwenden muss, macht folgende Rechnung auf:

Vier Prozent vom Vorjahresbrutto minus Zulagen = Eigenbeitrag

Der höchste geförderte Gesamtbeitrag beträgt 2.100 Euro pro Jahr, der Mindesteigenbeitrag 60 Euro. Das ist ziemlich kompliziert. Eine Orientierung geben folgende Tabellen:

ÜBERSICHT RIESTER-FÖRDERUNG

Ein-kommen (Euro)	Grund-zulage (Euro)	Kinder-zulage (Euro)	Eigen-beitrag (Euro)	Sparleistung gesamt (Euro)	Zusätzl. Steuerersparnis (Euro)	Förderquote
	Alleinstehend, ohne Kind
5.000	154	0	60	214	0	72 %
15.000	154	0	446	600	0	26 %
25.000	154	0	846	1.000	141	30 %
40.000	154	0	1.446	1.600	427	36 %
50.000	154	0	1.846	2.000	663	41 %
75.000	154	0	1.946	2.100	776	44 %
	Alleinstehend, ein Kind (geb. vor 2008)
5.000	154	185	60	399	0	85 %
15.000	154	185	261	600	0	57 %
25.000	154	185	661	1.000	0	34 %
40.000	154	185	1.261	1.600	159	31 %
50.000	154	185	1.661	2.000	370	35 %
75.000	154	185	1.761	2.100	543	42 %
	Ehepaar, ohne Kinder, ein Rentenversicherungspflichtiger
5.000	308	0	60	368	0	84 %
15.000	308	0	292	600	0	51 %
25.000	308	0	692	1.000	0	31 %

Ein-kommen (Euro)	Grund-zulage (Euro)	Kinder-zulage (Euro)	Eigen-beitrag (Euro)	Sparleis-tung gesamt (Euro)	Zusätzl. Steuer-ersparnis (Euro)	Förder-quote
40.000	308	0	1.292	1.600	129	27 %
50.000	308	0	1.692	2.000	284	30 %
75.000	308	0	1.792	2.100	437	35 %
Ehepaar, zwei Kinder (geb. vor 2008), ein Rentenversicherungspflichtiger						
5.000	308	370	60	738	0	92 %
15.000	308	370	60	738	0	92 %
25.000	308	370	322	1.000	0	68 %
40.000	308	370	922	1.600	0	42 %
50.000	308	370	1.322	2.000	0	34 %
75.000	308	370	1.422	2.100	9	33 %

Die Aufstellung zeigt: Von der Förderung profitieren insbesondere Familien mit Kindern. Der Förderanteil am Gesamtbeitrag kann bis zu 92 Prozent betragen. Aber auch für Gutverdienende lohnt sich die Förderung dank der zusätzlichen Steuerersparnis. Die Riester-Förderung sollte sich deshalb niemand entgehen lassen.

Wer Anspruch auf die Förderung hat

Der Förderkreis ist ziemlich groß. Dazu gehören:

- Pflichtversicherte der gesetzlichen Rentenversicherung (Arbeitnehmer, Auszubildende, pflichtversicherte Selbstständige);
- Beamte, Wehr- und Zivildienstleistende;

- Mütter und Väter wahrend der Kindererziehungszeit (bis 36 Monate nach der Geburt);
- Empfänger von ALG I und ALG II, Vorruhestandsgeld, Kranken-, Verletzten- und Versorgungskrankengeld oder Übergangsgeld;
- nicht erwerbsmäßig tätige Pflegepersonen;
- geringfügig Beschäftigte, die auf die Versicherungsfreiheit verzichtet haben;
- nicht förderberechtigte Ehepartner von zum förderberechtigten Kreis gehörenden Personen, wenn diese einen Riester-Vertrag besparen.

Die Möglichkeiten zum „riestern"

Riester-Sparen ist in folgenden Varianten möglich:

- Für eine **lebenslange Geldrente** als
  - Versicherungs-Sparplan (Anbieter: Lebensversicherungen)
  - Fonds-Sparplan (Anbieter: Fondsgesellschaften)
  - Bank-Sparplan (Anbieter: Banken, Sparkassen, Genossenschaftsbanken)
- Für selbst genutztes Wohneigentum – Bildung von Eigenkapital und/oder Tilgung von Baudarlehen (Anbieter: Bausparkassen und Banken)

Innerhalb dieses Ratgebers geht es ausschließlich um Riester-Sparpläne von Versicherungen.

Was Riester-Renten leisten

Bei der Riester-Rente handelt es sich um einen Sparvertrag mit laufenden (nicht unbedingt regelmäßigen) Beiträgen. Frühestens vom vollendeten 60. Lebensjahr an wird eine lebenslange Rente gezahlt. Eine einmalige Teilauszahlung, die bis zu 30 Prozent des Vorsorgevermögens betragen dürfen, sind bei Bezugsbeginn möglich.

Die Riester-Rente ist sehr sicher. Denn eine Voraussetzung für das staatliche Zertifikat, das jede Riester-Rente haben muss, ist die Kapitalgarantie. Das bedeutet: Zu Rentenbeginn müssen mindestens die eingezahlten Beiträge (inklusive der Zulagen) auf dem Vorsorgekonto vorhanden sein. Außerdem muss der Anbieter eine Rentengarantie gewähren, das heißt eine gleich bleibende oder steigende lebenslange Rente zahlen. Sicherheit bedeutet auch Schutz vor Verwertung bei Arbeitslosigkeit, das Vermögen ist „Hartz IV-sicher".

Weil die Beiträge zu Riester-Sparverträgen steuerfrei sind, muss die Rente während der Bezugszeit zum vollen persönlichen Steuersatz versteuert werden.

Pro und Kontra fondsgebundene Riester-Versicherung

Die Versicherer bieten Riester-Sparverträge im Wesentlichen in folgenden zwei Varianten an:

- **Als konventionelle Rentenversicherung.** Dabei wird der Sparanteil der Beiträge mit dem Mindestrechnungszins – aktuell sind das 2,25 Prozent pro Jahr – verzinst. Hinzu kommen Überschüsse.

  Vorteil: Die Mindesverzinsung ist sicher, die Überschussbeteiligung wahrscheinlich. Am Ende hat der Sparer nicht nur die gesetzlich garantierten Beiträge auf dem Konto, sondern noch etwas mehr.

  Nachteil: Die Renditechancen sind begrenzt, weil die Versicherer das Geld sehr vorsichtig anlegen.

- **Als fondsgebundene Rentenversicherung.** Dabei werden die Sparbeiträge ganz oder teilweise in Aktien und andere höher rentierliche Anlagen investiert. Der Versicherer gewährt die gesetzliche Garantie des Beitragserhalts und darüber hinaus oft weitere Garantieformen (wie z.B. die Festschreibung von erreichten Kurshöchstständen).

  Vorteil: Auf diese Weise können Sparer an den höheren Chancen der Kapitalmärkte teilnehmen und deutlich höhere Ablaufleistungen erreichen als bei konventionellen Versicherungen.

Die Riester-Rente

Nachteil: Mehr als die Garantie gibt es nicht. Außerdem sind Garantien teuer, sie kosten Rendite. Es kann theoretisch also sein, dass zu Rentenbeginn nicht mehr als die eingezahlten Beiträge auf dem Konto sind. Allerdings reduziert sich das Anlagerisiko mit zunehmender Länge der Laufzeit. Fondsgebundene Versicherungen sind vor allem etwas für junge Sparer, die noch mindestens 20 Jahre bis zum Rentenbeginn sparen können.

DIE BESTEN KLASSISCHEN RIESTER-RENTEN

Unternehmen	Tarif	Testnote
Allianz	RiesterRente Klassik ARS1UM	1,3
Axa Life Europe	TwinStar Riester-Rente Klassik, IRG1	1,4
PBV	PB Förder-Rente I Klassik	1,4
CosmosDirekt	R1-A	1,5
Debeka	Förderrente F1	1,5
HanseMerkur24	RiesterMeister	1,5
HDI-Gerling	TwoTrust Klassik Riesterrente RW10	1,5
Volkswohl Bund	Riester-Rente ASR	1,5
Alte Leipziger	Fiskal	1,7
Hannoversche Leben	Riester-Rente HL Garant	1,7
Versicherungskammer Bayern	Riester-Rente, AV-ARK	1,7

DIE BESTEN FONDSGEBUNDENEN RIESTER-RENTEN

Unternehmen	Tarif	Testnote
Allianz	Invest Alpha Balance ARF1UMGD	1,3
Volkswohl Bund	Riester-Rente AFR	1,5
PBV	PB Förder-Rente I Dynamik	1,6
HDI-Gerling	TwoTrust Klassik Riesterrente FRWA09	1,6
Alte Leipziger	ALfonds Riester FR50	1,6
CosmosDirekt	CFR-A	1,6
Condor	Congenial Riester Garant-770	1,7
Zurich	Förderrente Invest	1,7
Generali	Riesterrente Fonds IA09	1,7
Deutscher Ring	RingRiesterAktiv Top 3 RRIH	1,8
Versicherungskammer Bayern	Riester-Rente Invest, FAV-ARD	1,8

Tipps fürs Sparen mit Riester-Sparplänen

- In jedem Fall ist die Riester-Rente die erste Wahl für die private Vorsorge.

- Nach Möglichkeit immer den Höchstbetrag von vier Prozent des Vorjahresbruttoeinkommens (Eigenbeiträge inklusive Zulagen) einzahlen, um in den Genuss der vollen Zulagen zu kommen.

- Nur zertifizierte Verträge abschließen. Die Zertifizierung ist kein Gütesiegel, sondern besagt lediglich, dass das Produkt den staatlichen Anforderungen an die Förderung genügt.

- Wer auf Nummer Sicher gehen will, wählt eine konventionelle Riester-Versicherung. Garantiert sind dann nicht nur der Kapitalerhalt, sondern auch die Mindestverzinsung und die Beteiligung an möglichen

Überschüssen. Achtung: Die aktuellen Überschussdeklarationen der Versicherer stellen keine Garantie für die Zukunft dar.

- Auch nicht erwerbstätige Ehepartner eines Riester-Sparers sollten einen Vertrag abschließen und mit dem Mindestbeitrag von 60 Euro pro Jahr besparen.
- Vergessen Sie nicht, die Zulagen bei der zentralen Zulagenstelle zu beantragen. Am besten geht das mit einem Dauerzulagenantrag, der gleich bei Vertragasabschluss gestellt werden kann. Dann kümmert sich der Versicherer um die Zulagen.
- Jährliche Steuererklärung machen. Denn fürs Riester-Sparen gibt es nicht nur Zulagen, sondern auch den Sonderausgabenabzug. Das Finanzamt prüft und die Steuerpflichtigen erhalten die jeweils günstigere Variante.

Die betriebliche Altersvorsorge

Wie schon die Riester-Rente ist auch die betriebliche Altersvorsorge eine vom Staat geförderte Vorsorge, die sich Arbeitnehmer nicht entgehen lassen sollten.

Seit dem 1. Januar 2002 hat jeder Arbeitnehmer ein Recht darauf, dass ihm der Arbeitgeber eine betriebliche Altersvorsorge einrichtet. Allerdings nicht als Aufschlag aufs Gehalt, sondern in Form einer Gehaltsumwandlung. Das bedeutet, dass Teile des Gehalts als Beitrag in einen Altersvorsorgevertrag fließen, der vom Staat gefördert wird.

Die betriebliche Altersvorsorge ist in fünf verschiedenen Formen möglich:

- Direktversicherung
- Pensionskasse
- Pensionsfonds
- Unterstützungskasse
- Pensionszusage

Alle diese Formen werden auch von den großen Versicherungsunternehmen angeboten, für Arbeitnehmer sind in der Regeln nur die Direktversicherung, die Pensionskasse und der Pensionsfonds relevant. Bietet der Arbeitgeber keine Pensionskasse und keinen Pensionsfonds, muss er mindestens eine Direktversicherung für die Entgeltumwandlung der Arbeitnehmer einrichten.

Rente durch Direktversicherung

Die Direktversicherung ist deshalb die verbreitetste Form der betrieblichen Altersvorsorge (bAV). Sie ist zugleich für die meisten Arbeitnehmer günstig und problemlos in der Handhabung.

Bei der Direktversicherung schließt das Unternehmen als Versicherungsnehmer zu Gunsten des Arbeitnehmers bei einer Lebensversicherung einen Einzel- oder Gruppenvertrag ab. In den meisten Unternehmen mit großen Belegschaften werden Gruppenverträge abgeschlossen. Bei Gruppenverträgen sind die Konditionen wesentlich günstiger als bei Einzelverträgen oder beim privaten Abschluss einer Kapitalversicherung. Dies kommt dem Begünstigten zu Gute, das heißt, bei der Auszahlung realisieren Arbeitnehmer eine ordentliche Rendite.

Der Arbeitnehmer erwirbt im Laufe seines Arbeitslebens einen unmittelbaren Rechtsanspruch auf die Leistungen der Kapitallebensversicherung bei Ablauf des Vertrages. Die Auszahlung kann bei Rentenbeginn als Kapitalauszahlung oder als Leibrente erfolgen.

Das Leistungsrisiko trägt die Versicherung, die der staatlichen Versicherungsaufsicht unterliegt. Das Kapital ist damit quasi gesichert. Arbeitnehmer können bei einem Arbeitsplatzwechsel die Direktversicherung mitnehmen.

Rente von der Pensionskasse

Pensionskassen sind rechtlich selbstständige Versorgungseinrichtungen, in die Arbeitgeber und/oder Arbeitnehmer Beiträge zur Finanzierung der Versorgungsleistungen einzahlen. Auch die Pensionskassen unterliegen der Versicherungsaufsicht. Die Arbeitnehmer haben einen direkten Versorgungsanspruch gegen die Pensionskasse.

Die betriebliche Altersvorsorge

Rente von Pensionsfonds

Wie die Pensionskassen sind auch die Pensionfonds rechtlich selbstständige Versorgungseinrichtungen. Auch sie unterliegen der Versicherungsaufsicht. Im Unterschied zu anderen Formen der bAV verfügen sie über eine größere Freiheit bei der Kapitalanlage. Die Arbeitnehmer haben einen direkten Leistungsanspruch gegen den Pensionsfonds. Der Arbeitgeber muss sich für den Fall der Insolvenz im Pensionssicherungsverein absichern.

Rente von der Unterstützungskasse

Auch bei Unterstützungskassen handelt es sich um rechtlich selbstständige Versorgungseinrichtungen, deren Träger ein oder mehrere Arbeitgeber sind. Die rückgedeckte Unterstützungskasse schließt mit Lebensversicherungsunternehmen Rückdeckungsversicherungen auf das Leben der begünstigten Arbeitnehmer ab, um damit die von den Arbeitgebern zugesagten Versorgungen zu finanzieren. Die Unterstützungskasse unterliegt nicht der Versicherungaufsicht. Sie räumt den Arbeitnehmern keinen Rechtsanspruch auf die Leistung ein.

Rente aus der Pensionszusage (Direktzusage)

Bei der Pensionszusage handelt es sich um eine unmittelbare Versorgungszusage des Arbeitgebers gegenüber dem Arbeitnehmer. Dafür bildet die Firma Rücklagen in ihrer Bilanz. Die Arbeitnehmer haben einen Rechtsanspruch gegen den Arbeitnehmer auf die zugesagte Leistung. Die Pensionszusage findet in der Regel gegenüber angestellten Geschäftsführern und leitenden Angestellten Verwendung.

Die staatliche Förderung

Der Staat fördert die betriebliche Altersvorsorge (Direktversicherung, Pensionskasse und Pensionsfonds) anders als bei der Riester-Rente nicht mit Zulagen, sondern er befreit die Beiträge von Steuern und Sozialversicherungsbeiträgen. Dafür gelten folgende Grenzen:

- Steuerfrei sind jährliche Beiträge bis zu vier Prozent der Beitragsbemessungsgrenze West in der gesetzlichen Rentenversicherung (2010: 66.000 Euro), also 2.640 Euro zuzüglich 1.800 Euro.

- Sozialversicherungfrei sind Beiträge bis zu vier Prozent der Beitragsbemessungsgrenze in der gesetzlichen Rentenversicherung (das sind 2010: 2.640 Euro).

Das heißt: 2010 sind Beiträge zur betrieblichen Altersvorsorge bis zu 4.440 Euro jährlich steuerfrei und bis zu 2.640 Euro sozialversicherungsfrei.

Die Leistungen der betrieblichen Altervorsorge

Auch bei Direktversicherungen, Pensionskassen und Pensionsfonds besteht die Leistung in einer lebenslangen Rente. Für die eingezahlten Beiträge gilt eine gesetzliche Garantie. Das bAV-Kapital ist im Falle von Arbeitslosigkeit gegen Verwertung geschützt. Die Rentenzahlungen müssen versteuert werden.

Tipps für die Betriebsrente

- Das Recht auf Entgeltumwandlung in jedem Fall nutzen. Dabei beachten: Der Arbeitgeber bestimmt den Durchführungsweg und wählt die Anbieter aus.
- Nach Möglichkeit die volle begünstigte Beitragsssumme einzahlen.
- Wenn möglich, statt Gehaltserhöhung mit dem Arbeitgeber Zahlungen für die bAV vereinbaren. Das ist sowohl für Arbeinehmer als auch für Arbeitgeber aus steuerlichen Gründen günstiger.
- Beim Arbeitgeberwechsel die Versorgung zum neuen Arbeitgeber mitnehmen und nach Möglichkeit fortführen. Besonders einfach ist das bei Direktversicherungen, die auch mit eigenen Zahlungen fortgeführt werden können.
- Vorteile des Bürgerentlastungsgesetzes nutzen: Seit 1. Januar 2010 haben Arbeitnehmer mehr Netto bei gleichem Brutto. Wer den Nettogewinn in eine Direktversicherung einzahlt, bekommt eine Betriebsrente zum „Nulltarif". Wer darüber hinaus auch die auf die Beiträge eingesparten Lohnsteuern und Sozialversicherungsbeiträge einzahlt, kann die Anlagesumme nettoneutral verdoppeln.
- Vermögenswirksame Leistungen des Arbeitgebers möglichst in eine betriebliche Altersvorsorge einzahlen lassen.

Die Basisrente

Alle oben genannten Vorsorgemöglichkeiten sind Selbstständigen und Freiberuflern verwehrt. Doch auch sie können in den Genuss der geförderten Altersvorsorge kommen und zwar mit der Basis-Rente, nach ihrem geistigen Vater, dem ehemaligen „Wirtschaftsweisen" Bert Rürup auch „Rürup-Rente" genannt.

Die besondere Eignung der Basisrente für diese Zielgruppe hat mit der Art der Förderung zu tun, die – anders als bei der Riester-Rente – nicht über Zulagen erfolgt, sondern ausschließlich in Form des steuerlichen Sonderausgabenabzugs für Vorsorgebeträge.

Für Selbstständige ist die steuerliche Abzugsfähigkeit der Basisrenten-Beiträge deshalb so lukrativ, weil sie in der Regel ihren Sonderausgabenabzug nicht mit Beiträgen zur gesetzlichen Rentenversicherung belasten müssen. Sie können theoretisch – sofern keine Beiträge zu berufsständischen Versorgungswerken zu berücksichtigen sind – Beiträge zur Basisrente ungeschmälert geltend machen. Anders sieht es hingegen bei Selbstständigen und Freiberuflern aus, die gesetzlich rentenversicherungspflichtig sind. Anders sieht es aber auch bei Beamten aus, die sich den abzugsfähigen Höchstbetrag um einen fiktiven Gesamtbetrag zur gesetzlichen Rentenversicherung kürzen lassen müssen, der für ihre Bezüge zu zahlen wäre (Arbeitgeber- und Arbeitnehmeranteil).

So funktioniert die Basisrente

Selbstständige, Beamte oder Arbeitnehmer schließen mit einem Lebensversicherer einen zertifizierten Basisrentenvertrag ab. Die Beiträge können als regelmäßige oder unregelmäßige oder einmalige Zahlungen geleistet werden. Die Verträge müssen eine lebenslange Leibrente mit garantierten Leistungen gewährleisten. Die Auszahlungen dürfen nicht vor Vollendung des 60. Lebensjahres erfolgen. Die Ansprüche aus einer Basisrente sind

- nicht vererbbar,
- nicht übertragbar,
- nicht bleihbar (das heißt, die Rentenansprüche können nicht als Sicherheit z.B. für einen Kredit herangezogen werden),

- nicht kapitalisierbar und
- nicht veräußerbar

Man könnte sagen, die Basisrente vereinbart die Nachteile der gesetzlichen Rentenversicherung mit den Vorteilen der privaten Vorsorge. Attraktiv wird sie durch die Förderung.

Die Förderung der Basisrente

Der Höchstbeitrag zur Basisrente beträgt 20.000 Euro für Alleinstehende bzw. 40.000 Euro für Verheiratete pro Jahr. Diese Summen sind jedoch erst vom Jahr 2025 an als Sonderausgaben in voller Höhe abzugsfähig. Bis dahin gilt eine Übergangsregelung. Im Jahr 2010 sind 70 Prozent abzugsfähig. Das sind somit 14.000 (Singles) bzw. 28.000 Euro (Verheiratete), die von der Steuer abgesetzt werden können. Dieser Prozentsatz erhöht sich in den kommenden Jahren jeweils um 2,0 Prozent, bis die volle Absetzbarkeit erreicht ist.

STEUERLICHE AUSWIRKUNG VON Z.B. 5.000 EURO JAHRESBEITRAG ...

	Ohne Basisrente	Mit Basisrente
... bei Arbeitnehmern		
Jahresgehalt 2010, z.B.	50.000 Euro	50.000 Euro
Arbeitnehmeranteil zur GRV (9,95 %)	4.975 Euro	4.975 Euro
Arbeitgeberanteil zur GRV (9,95 %)	+ 4.975 Euro	+ 4.975 Euro
Gesamtbeitrag zur GRV	= 9.950 Euro	= 9.950 Euro
Beitrag zur Basisrente	+ 0 Euro	+ 5.000 Euro
Altersvorsorgeaufwendungen insg.	= 9.950 Euro	= 14.950 Euro
Berücksichtigt 2010: 70 %	6.965 Euro	10.465 Euro
Abzüglich steuerfreier Arbeitgeberbeitrag zur GRV	- 4.975 Euro	- 4.975 Euro
Absetzbare Vorsorgeaufwendungen	= 1.990 Euro	= 5.490 Euro

Die Basisrente

... bei selbstständigen Freiberuflern (mit Versorgungswerk)		
Jahresverdienst 2008, z.B.	70.000 Euro	70.000 Euro
Beiträge zur GRV	0 Euro	0 Euro
Beitrag zu Versorgungswerk	+ 10.000 Euro	+ 10.000 Euro
Beitrag zur Basisrente	+ 0 Euro	+ 5.000 Euro
Altersvorsorgeaufwendungen insg.	= 10.000 Euro	=15.000 Euro
Berücksichtigt 2010: 70 %	7.000 Euro	10.500 Euro
Absetzbare Vorsorgeaufwendungen	7.000 Euro	10.500 Euro
... bei Beamten		
Jahresbezüge 2008, z.B.	50.000 Euro	50.000 Euro
Höchstbetrag für Altersvorsorgeaufwendungen	Keine Abzugsfähigkeit von Altersvorsorgeaufwendungen.	20.000 Euro
Fiktiver Gesamtbeitrag zur GRV (19,9%)		- 9.950 Euro
Maßgeblicher Höchstbetrag		= 10.050 Euro
Beitrag zur Basisrente		5.000 Euro
Berücksichtigt 2010: 70 %		3.500 Euro
Absetzbare Vorsorgeaufwendungen		3.500 Euro

GRV= Gesetzliche Rentenversicherung

EMPFEHLENSWERTE BASISRENTEN (KLASSISCHE RENTEN)

Unternehmen	Tarif	Testnote
Debeka	BA 1	1,3
Allianz	Basis Rente Klassik	1,3
CosmosDirket	RBH	1,4

Unternehmen	Tarif	Testnote
Hannoversche	RB 4	1,4
Asstel	RMA300PN	1,4
PBV Lebensversicherung	PB Förderrente II	1,5
HanseMerkur	Basis Care	1,5
Europa	E-R1 B	1,6
Volkswohl Bund	BRS	1,7
Bayern-Versicherung	ARS1	1,8
R+V	R+V-Basisrente 5U06	1,8
Neue Leben	R2	1,8
Generali	Generali Basisrente	1,8
Zurich Deutscher Herold	Classic	1,8
Stuttgarter	BasisRenten classic	2,0

EMPFEHLENSWERTE BASISRENTEN (FONDSGEBUNDEN, OHNE BEITRAGSERHALT)

Unternehmen	Tarif	Testnote
Allianz	Basis Rente Invest	1,5
CosmosDirekt	FBA	1,5
PBV Lebensversicherung	PB Förderrente II Dynamik	1,6
Generali	IB09	1,6
Volkswohl Bund	BFR	1,6
Victoria (Ergo)	Global TopSelect	1,6
Hamburg-Mannheimer (Ergo)	ProfiVario Basisrente	1,6
Zurich Deutscher Herold	Basis Rente Invest	1,6

Die Basisrente

Hannoversche	FRB3	1,7
Alte Leipziger	FR 70	1,7
AachenMüchener	FRS	1,7
Condor	779	1,8
Clerical Medical	Performancemaster	1,8
LV 1871	FBRV	1,8

EMPFEHLENSWERTE BASISRENTEN (FONDSGEBUNDEN, MIT BEITRAGSERHALT)

Unternehmen	Tarif	Testnote
Allianz	Basis Rente Invest Alpha-Balance	1,4
PBV Lebensversicherung	PB Förderrente II Dynamik	1,4
Zurich Deutscher Herold	Basis Rente Invest Premium	1,5
Hannoversche	FRB 3	1,6
Europa	E-FR3 B	1,7
Alte Leipziger	FR 75	1,7
AachenMüchener	GRS Strategie No. 1	1,7
Axa Life Europe	IG1/Twin Star Rente Klassik	1,8
Swiss Life	Basisplan Plus	1,8
Volkswohl Bund	BWR	1,9
Generali	IB09	1,9
VHV	VFRB4	2,2
LV 1871	FBRV	2,2
Karlsruher	KFBRH	2,2
HanseMerkur	Basis Care Invest	2,3

Tipps für das Sparen mit der Basisrente

- Selbstständige und Freiberufler sollten eine möglichst flexible Beitragszahlung vereinbaren, damit die Einzahlungen der Gewinnsituation des Unternehmens angepasst werden können.

- Besonders ältere Sparer sollten kurz vor dem Ruhestand größere Beitragssummen einzahlen, denn sie profitieren von der Differenz zwischen dem abzugsfähigen Prozentsatz der Beiträge und dem dauerhaft niedrigeren Besteuerungsanteil der lebenslangen Rente.

- Für den Fall des Todes des Versicherten unbedingt eine Hinterbliebenenversorgung mitversichern, ansonsten ist das Kapital verloren. Versicherbar sind jedoch nur hinterbleibende Ehegatten und Waisen.

- Zusätzlich kann steuerbegünstigt eine Berufs- oder Erwerbsunfähigkeitsversicherung mit der Basisrente kombiniert werden. Zum Erhalt der steuerlichen Abzugsfähigkeit ist es jedoch zwingend notwendig, dass die Beiträge für die im Vertrag eingeschlossenen Zusatzbausteine (Hinterbliebenenvorsorge bzw. Berufsunfähigkeitsrente) weniger als 50 Prozent des jährlichen Gesamtbeitrags ausmachen.

- Vorsicht bei fondsgebundenen Basisrenten: Wer Verluste vermeiden will, sollte einen Vertrag mit Garantieleistung vereinbaren. Denn anders als bei der Riesterrente sind bei der Basisrente Garantien nicht zwingend vorgeschrieben. Beachten: Bei der fondsgebundenen Basisrente kann die Rentenhöhe erst ab Rentenbeginn garantiert werden. Wer eine konventionelle Basisrente abschließt, kennt die garantierte Rentenhöhe bereits bei Vertragsabschluss.

Private Rentenversicherungen

Die Riester-Rente ist schön und gut, sie ist jedoch nur ein Lückenbüßer für die Kürzungen der gesetzlichen Rente. Auch mit Riester-Rente bleibt bei den meisten Rentnern eine Versorgungslücke. Sie werden eine Rente beziehen, die deutlich unter ihrem letzten Nettoeinkommen liegt. Wie groß diese Lücke ist, hängt davon ab, welche weiteren Einkünfte zur Verfügung stehen: Betriebsrente, Einnahmen aus Vermietung und Verpachtung, Erbschaften, Rücklagen, Aktiendepots usw.

Wer all das nicht hat, der sollte an eine private Rentenversicherung denken. Das ist kein schlechtes Geschäft: Jeden Monat 50 Euro in eine private Versicherung einzahlen und im Ruhestand ab 65 monatlich 300 Euro private Rente kassieren – zusätzlich zu den Zahlungen der Rentenkasse und lebenslang. Dies ist möglich, wenn Herr Mustermann im Alter von 30 Jahren eine private Rentenversicherung abschließt. Es ist deshalb ein gutes Geschäft, weil den Einzahlungen von Herrn Mustermann über die 35 Jahre Laufzeit in Höhe von 21.000 Euro Auszahlungen der Versicherungen in Höhe von 54.000 Euro gegenüberstehen, wenn Herr Mustermann 80 Jahre alt wird. Das kann er locker schaffen, denn knapp so hoch ist heute die durchschnittliche Lebenserwartung für Männer in Deutschland.

Der Vorteil der lebenslangen Rente

Die private Rentenversicherung funktioniert wie folgt: Der Sparer zahlt regelmäßig oder einmalig in einen Versicherungsvertrag ein. Die Versicherung legt nach Abzug von Abschluss-, Verwaltungs- und Risikokosten das Kapital an. Bei konventionellen privaten Rentenversicherungen verzinst sie das Sparkapital mit mindestens 2,25 Prozent. Dieser Zins ist garantiert. Hinzu kommen Überschüsse aus der Kapitalanlage sowie auch nicht verbrauchte Kosten. Diese Überschüsse sind nicht garantiert. Sie werden als laufende Überschüsse jährlich neu bestimmt und zugewiesen bzw. als Schlussgewinne am Ende der Ansparphase gut geschrieben.

Zum vereinbarten Rentenbeginn beginnt die Leistungsphase. Die Versicherung zahlt eine lebenslange Rente. Diese Zahlung besteht aus der Garantierente – wie sie bei Vertragsabschluss verbindlich zugesagt wurde – und der Überschussrente.

> **⚠ NUR MIT DER GARANTIERENTE KALKULIEREN**
>
> Wer seine Rentenlücke sicher und zuverlässig schließen möchte, kalkuliert nur mit der Garantierente und nicht mit den Überschüssen. Die Garantierente wird auf jeden Fall gezahlt, durch die Überschüsse kann sie nur höher, aber nicht niedriger ausfallen.

Private Rentenversicherungen werden in zwei Varianten angeboten:

- **Die aufgeschobene Rentenversicherung** beginnt mit einer Sparphase. Durch regelmäßige monatliche Beiträge wird das erforderliche Kapital über einen festgelegten Zeitraum angespart. Die Anspar- oder Anschubphase endet idealer Weise mit dem Eintritt ins Rentenalter. Vor dem Ende der Anschubphase hat der Versicherte ein Kapitalwahlrecht, das heißt, er kann entscheiden, ob er statt einer monatlichen Rente eine einmalige Kapitalabfindung ausgezahlt haben möchte. Dieses Wahlrecht muss spätestens fünf Jahre vor Ende der Ansparzeit ausgeübt werden.

An die Ansparphase schließt sich dann die Leistungsphase an, während der die Versicherung die vereinbarte Rente lebenslang zahlt. Dabei sind folgende Auszahlungsformen möglich:

- die konstante Rente: Die monatliche Rentenzahlung ist stets gleichbleibend hoch;
- die dynamische Rente: Die Zahlungen steigen vom Garantieniveau jährlich um einen bestimmten Prozentsatz an;
- die teildynamische Rente: Die Zahlungen liegen zu Beginn etwas über dem Garantieniveau, steigen dann jedoch langsamer als bei der dynamischen Rente.

- **Die Sofortrente** unterscheidet sich von der aufgeschobenen Rente insofern, als dass der Versicherungsnehmer auf die Ansparphase verzichtet. Dabei muss der Beitrag durch einen größeren Geldbetrag auf einmal eingezahlt werden. Bei der Sofortrente besteht kein Kapitalwahlrecht vor Rentenbeginn. Auch bei der Rente gegen Einmalbeitrag zahlen die Versicherer lebenslang.

Für die meisten Sparer wird eher die aufgeschobene Rente in Frage kommen. Die Sofortrente ist allenfalls interessant, wenn unerwartet größere Geldbeträge zur Verfügung stehen, z.b. durch eine Erbschaft, durch die Auszahlung einer Lebensversicherung oder durch die Auflösung eines Fondssparplans oder Aktiendepots.

Rentengarantie vereinbaren

Die private Rentenversicherung zahlt eine lebenslange Rente. Sie zahlt auch dann noch, wenn das Sparkapital schon aufgebraucht ist. Das kommt dann vor, wenn der Rentner länger lebt als die Rentenversicherung kalkuliert hat. Das ist aber eher die Ausnahme. Die Regel ist, dass der Versicherte stirbt, bevor das Kapital aufgebraucht wird. Dann fällt das Geld an die Versichertengemeinschaft.

Es sei denn, es wurde eine Rentengarantiezeit vereinbart. Dann bekommen die Hinterbliebenen für einen bestimmten Zeitraum die Rente des Verstorbenen weitergezahlt. Üblich sind Zeiträume von fünf Jahren. Eine solche Rentengarantie sollte man auf jeden Fall vereinbaren, damit der überlebende Partner finanziell abgesichert wird.

Zusatzversicherungen sind möglich

Private Rentenversicherungen können mit Zusatzversicherungen kombiniert werden. Besonders sinnvoll sind Rentenversicherungen mit Berufsunfähigkeits-Zusatzversicherungen (BuZ). Dadurch wird die Rentenversicherung zum umfassenden Sicherheitspaket. Die Versicherung zahlt dann bei Berufsunfähigkeit vor dem Eintritt ins Rentenalter eine Berufsunfähigkeitsrente und übernimmt die weitere Beitragszahlung für den Hauptvertrag. Der Einschluss des Berufsunfähigkeitsrisikos in die Rentenversicherung ist oftmals kostengünstiger als der Abschluss einer selbstständigen Berufsunfähigkeitsversicherung.

Einige Unternehmen bieten im Rahmen einer Rentenversicherung auch den Einschluss einer Pflegerenten-Zusatzversicherung an. Im Unterschied zur Berufsunfähigkeitsversicherung, die bei Invalidität während des Berufslebens zahlt, ist der Pflegerentenzusatz eine Versicherung gegen das Risiko der schweren Pflegebedürftigkeit im Alter (siehe auch Seite 51 ff.).

Die besten konventionellen Rentenversicherungen

Für die Qualität von Rentenversicherungen müssen viele Kriterien beurteilt werden: Die prognostizierte Rente, die Nettoverzinsung der Kapitalanlagen, die Gesamtverzinsung, Verwaltungs- und Abschlusskosten, Flexibilität und Transparenz.

DIE BESTEN KONVENTIONELLEN RENTENVERSICHERUNGEN

Unternehmen	Tarif	Note
Debeka	A 1	1,2
Allianz	Zukunftsrente Klassik (R2M)	1,3
Volkswohl Bund	SR	1,6
Hannoversche	Bausteinrente (R4)	1,6
PB Lebensversicherung	PB Privat Rente klassik	1,7
AXA Life Europe	Twinstar Klassik (IG1)	1,7
AachenMünchener	Wunschpolice (1KRB)	1,7
Cosmos Direkt	R1	1,7
Zurich Deutscher Herold	Renteclassic	1,8
Neue Leben	Aktivprivatrente (R1)	1,8
Bayern Versicherung	Bayerntresor (ARB)	1,8
HDI Gerling	TwoTrust Klassik (RW09)	1,9
Karlsruher	KAR	1,9
R+V	Privatrente Plus (LU)	1,9

Generali	RE1 09	1,9
Württembergische	AR	1,9
Europa	E-R1	1,9
Alte Leipziger	RentAL (RV10)	1,9
Quelle: Institut für Vorsorge und Finanzplanung 2010		

Renten vom Kapitalmarkt

Wie eben dargestellt, ist eine konventionelle Rentenversicherung eine sichere Bank. Denn eine Mindestverzinsung von 2,25 Prozent des Sparkapitals ist garantiert. Das ist zwar beruhigend, aber nicht eben üppig. Viele Sparer wollen mehr. Für sie hat die Versicherungswirtschaft die fondsgebundene oder fondsbasierte Rentenversicherung erfunden. Dabei investieren die Versicherungsunternehmen die Sparbeiträge ihrer Kunden oder Teile davon in Investmentfonds.

Die Kehrseite: Eine Garantie in Form eines Mindest-Rechnungszinses gibt es dabei nicht. Der Versicherte trägt das Anlagerisiko allein. Das Anlageergebnis kann deutlich besser ausfallen als bei einer klassischen Kapitalversicherung, es kann jedoch im schlimmsten Fall auch darunter liegen. Die Erfahrung besagt: Diese Gefahr ist umso geringer, je länger der Vertrag läuft. Denn auf jedes Börsentief folgt auch wieder ein Börsenhoch.

Allerdings besagt die Erfahrung auch, dass in jüngster Zeit die Börsencrashs immer häufiger und heftiger kommen. Allein im ersten Jahrzehnt des neuen Jahrtausends ereigneten sich zwei schwere Börsenabstürze: 2000/2001 beim Zusammenbruch des Neuen Marktes und beim Platzen der Technologieblase und 2008/2009 im Zuge der durch den US-Immobilienmarkt ausgelösten Weltfinanzkrise. Jedes Mal wurden Vermögen in Milliardenhöhe vernichtet, der deutsche Aktienindex DAX büßte beispielsweise 2008 die Hälfte seines Wertes ein. Das trifft dann auch die Fondsanlagen in fondsgebundenen Rentenversicherungen. Darauf zu hoffen, dass die Zeit alle Wunden aus Aktiencrashs heilt, ist gefährlich und allenfalls eine aussichtsreiche Strategie, wenn der Anlagehorizont – das heißt die Laufzeit bis zum Rentenbeginn – mindestens 20 Jahre beträgt.

Garantien für Fondsrenten

In jüngster Zeit haben die Versicherer eine Reihe von Garantiekonstruktionen für Fondsrenten konstruiert. Dabei geht es im Kern darum, dass durch unterschiedliche Instrumente sichergestellt wird, dass es zu keinen substanziellen Verlusten kommen kann. Die üblichste Form ist die Garantie des Kapitalerhalts. Dabei garantiert der Versicherer, dass zum Rentenbeginn mindestens das eingezahlte Kapital vorhanden ist. Dieses Garantieniveau liegt zwar unter den Leistungen der konventionellen Rentenversicherung – denn dort ist zumindest eine Verzinsung des Sparkapitals von 2,25 Prozent garantiert – der Charme der Garantie bei fondsgebundenen Rentenversicherungen besteht aber darin, dass die Gewinne über diese Garantie hinaus deutlich größer ausfallen können als bei einer konventionellen Versicherung.

Unterschiedliche Garantieformen

Es gibt ganz unterschiedliche Garantiemodelle. Allen gemeinsam ist, dass sie sehr kompliziert anmuten, viele Vermittler sie nicht erklären können und die meisten Kunden sie nicht verstehen. Im Wesentlichen werde folgende Garantiemodelle unterschieden:

- **Hybrid-Produkte:** Dabei handelt es sich um eine Kombination aus klassischer Rentenversicherung und Fondsanlage. Der Beitrag wird nach einem bei Vertragsabschluss festgelegten Modus aufgeteilt. Garantiert sind die eingezahlten Bruttobeiträge zum Zeitpunkt der Fälligkeit. Der Tarif ist so konstruiert, dass der konventionelle Teil der Versicherung allein die Garantie erwirtschaftet, so dass selbst ein Totalverlust des Fonds die Garantie nicht in Frage stellen kann. Die Renditechancen sind jedoch beschränkt, weil nur ein relativ kleiner Teil des Sparkapitals in Aktien investiert werden kann. Die Hybriden stellen das Standardangebot der Fondspolicen mit Garantien dar.

- **Höchststands-Fondspolicen:** Wie bei Hybrid-Produkten wird bei Höchststands-Policen das Kapital teilweise in Fonds investiert, jedoch nicht in irgendwelche, sondern in Garantiefonds. Der Fonds garantiert am Anfang, dass der Kurs am Ende so hoch ist wie beim Einstieg. Während der Laufzeit wird monatlich zum Stichtag der Höchststand festgesetzt. Ist der Kurs zu einem Stichtag höher als an jedem vorangegangen Stichtag, wird die Garantie auf das neue Niveau angehoben. Das Konzept erlaubt eine höhere Fondsquote als bei Hybrid-Produkten. Allerdings sinkt der Aktienanteil bei fallenden Märkten.

- **Indexpolicen:** Statt in Fonds wird in ein Indexzertifikat investiert. Das ist ein Papier, das einen Aktienindex nachbildet, beispielsweise den deutschen Aktienindex DAX. Die Garantie wird über konventionelles Sicherungsvermögen der Versicherers dargestellt, die Kunden partizipieren an jährlich neu aufgelegten Wertpapieren. Die Rendite ergibt sich aus den Kursgewinnen des Indexes, wobei positive Renditen gecappt werden. Der Cap wird jährlich neu festgesetzt und hängt von der Kapitalmarktentwicklung ab. Bei Gefährdung der Garantie schichtet der Versicherer automatisch um, ansonsten können die Kunden jährlich entscheiden, wie das Kapital auf Indexpapier und Sicherungsvermögen verteilt werden soll.

- **Variable Annuities:** Die Beiträge bzw. das Kapital werden in Fonds investiert. Die Garantie stellt der Versicherer außerhalb der Fondsanlage durch internes Risikomanagement dar. Die Garantiekosten werden aus dem Fondskapital entnommen. Ist eine Mindestrente zum Rentenbeginn garantiert, spricht man von Guaranteed Minimum Income Benefits. Garantiert der Versicherer eine Entnahmeleistung, handelt es sich um Guaranteed Minimum Withdrawal Benefits.

- **Dynamische Wertsicherungskonzepte:** Wie bei den Hybridprodukten findet eine Aufteilung auf einen konventionellen Deckungsstock und die Fondsanlage statt, wobei oft drei „Töpfe" benutzt werden: Deckungsstock des Versicherers (ganz sicher), ein Wertsicherungsfonds (ziemlich sicher) und ein Aktienfonds zum Spekulieren auf eine hohe Rendite. Der Wertsicherungsfonds garantiert, dass am Ende einer Periode ein bestimmter Wert vom Anfang der Periode nicht unterschritten wird. Die Aufteilung zwischen Deckungsstock, Wertsicherungsfonds und freier Fondsanlage wird unter Berücksichtigung des individuellen Kundenrisikos vorgenommen, wobei die Portfoliostruktur fortlaufend den Marktentwicklungen angepasst wird. Gewinne fließen in den Puffer, der bei günstiger Entwicklung vollständig in Aktien investiert werden kann.

Garantien kosten Geld

Fondspolicen mit Garantie nähren die Illusion, Rendite sei ohne Risiko zu haben. Das ist natürlich nicht der Fall. Denn das abgesicherte Risiko bezahlen die Anleger mit Renditeabschlägen. Untersuchungen haben ergeben, dass im Durchschnitt ungefähr die Hälfte des Ertrags für Garantiekosten draufgeht. Am geringsten sind die Renditeeinbußen bei den dynamischen Wertsicherungsprodukten, so Untersuchungen des Instituts für Finanz- und Aktuarwissenschaften. Nur bei Fondspolicen ohne Garantie sind die Renditechancen höher.

Aufpassen beim Rentenfaktor

Die Garantien gelten immer erst zu Rentenbeginn. Vorher, beispielsweise für den Fall der Kündigung oder Beitragsfreistellung eines Vertrages, ist nichts garantiert.

Weil bei fondsgebundenen Rentenversicherungen zum Zeitpunkt des Vertragsabschlusses nicht feststeht, wie viel Kapital zum Zeitpunkt der Verrentung auf dem Konto sein wird, kann man auch nicht sagen, wie hoch die Rentenzahlung ausfallen wird. Deshalb arbeiten die Versicherer mit einem Rentenfaktor. Sie sagen ihren Kunden bereits bei Vertragsabschluss, wie viel Euro Monatsrente sie für 10.000 Euro Fondskapital bei Beginn der Auszahlphase zahlen werden.

Das Problem besteht vor allem darin, wie „hart" oder „weich" die Garantie dieses Rentenfaktors sind. Im Wesentlichen ist zu unterscheiden zwischen garantierten und nicht garantierten Rentenfaktoren sowie garantierten Rentenfaktoren mit Änderungsvorbehalten. Letztere bergen die größten Unsicherheiten. Zwar garantiert der Versicherer den Rentenfaktor bei solchen Modellen grundsätzlich, unter bestimmten Voraussetzungen behält er es sich jedoch vor, davon abzuweichen. Das kann der Fall sein bei Umständen, die bei Vertragsabschluss nicht vorhersehbar waren, wenn die Lebenserwartung der Versicherten sich so stark erhöht oder die Rendite der Kapitalanlagen nicht nur vorübergehend so stark sinken sollte, dass die bei Vertragsbeginn gültigen Rechnungsgrundlagen voraussichtlich

Private Rentenversicherungen

nicht mehr ausreichen, um die zugesagten Rentenzahlungen auf Dauer zu sichern. Dann ist der Versicherer berechtigt, die Rente für 10.000 Euro Rentenkapital so weit herab zu setzen, dass er die Rentenzahlung bis zum Tode der versicherten Person garantieren kann.

Bei Vertragsabschlüssen nach dem 30. Juni 2010 erkennen die Finanzämter die Beiträge zu fondsgebundenen Rentenversicherungen nur noch dann als steuerlich abzugsfähig an, wenn der Produktanbieter einen konkreten Rentenfaktor garantiert. Wer danach neu eine Fondspolice abschließt, kann davon ausgehen, einen konkreten Rentenfaktor garantiert zu bekommen.

DIE BESTEN FONDSGEBUNDENEN RENTENVERSICHERUNGEN

Unternehmen	Tarif	Note
Fondsrenten ohne Beitragserhalt		
Allianz	Privatrente Invest (RF1)	1,4
Volkswohl Bund	FR	1,5
Zurich Deutscher Herold	VorsorgeInvest	1,6
PB Lebensversicherung	PB Private Rente dynamik	1,6
AachenMünchener	Wunschpolice (1FRB)	1,7
Condor	Congenial privat (778)	1,7
Clerical Medical	Performancemaster Rente	1,7
LV 1871	FRV	1,7
Fondsrenten mit Beitragserhalt		
Allianz	Privatrente Invest Alpha-Balance	1,5
Zurich Deutscher Herold	VorsorgeInvest Premium	1,5
Volkswohl Bund	FWR	1,6
Alte Leipziger	ALFonds (FR15)	1,7

PB Lebensversicherung	PB Privat Rente dynamik	1,7
Hannoversche	Fondsrente (FR3)	1,7
AachenMünchener	Wunschpolice No. 1	1,7
Neue Leben	Aktivinvest select (FRV5)	1,8

Tipps fürs Sparen mit Rentenversicherungen

- Nach Möglichkeit schon in jungen Jahren mit dem Sparen anfangen.

- Die private Rentenversicherung nach Möglichkeit durchhalten, bei finanziellen Schwierigkeiten besser beitragsfrei stellen als kündigen.

- Zur Deckung der Rentenlücke immer von der garantierten Rente ausgehen und nicht von der Gewinnrente, denn Überschüsse sind nicht garantiert.

- Leistungsstarken, renommierten Versicherer auswählen, denn das Unternehmen muss auch noch in 30, 40 oder 50 Jahren in der Lage sein, die Renten zu zahlen.

- An die Geldentwertung denken und nach Möglichkeit eine Dynamisierung der Beiträge vereinbaren.

- Wer auf Nummer Sicher gehen will, wählt eine konventionelle Rentenversicherung.

- Für den Fall des Todes Beitragsrückerstattung (für die Sparphase) bzw. Rentengarantiezeiten (für die Leistungsphase) vereinbaren.

Versicherungen für jede Lebensphase

Im Laufe des Lebens ändert sich der Versicherungsbedarf. Das heißt, bestehende Versicherungen müssen angepasst, überflüssig gewordene gekündigt und für neue Risiken müssen weitere Versicherungsverträge abgeschlossen werden.

Auch die finanziellen Möglichkeiten für die Versicherung von persönlichen Risiken verändern sich im Laufe eines Lebens. Am Anfang des Berufslebens ist das Geld meist knapp, Anschaffungen müssen getätigt, eine Familie soll gegründet werden. Andererseits ermöglichen der berufliche Aufstieg und die Verbesserung der Einkommensverhältnisse mit der Zeit auch einen Ausbau des Versicherungsschutzes bzw. machen ihn nötig, beispielsweise weil die Werte im Haushalt wachsen.

Unterschiedlich entwickelt sich in den verschiedenen Lebensphasen auch das subjektive Empfinden für die persönliche Sicherheit. Für junge Menschen steht die materielle Sicherheit der Gegenwart im Vordergrund. Mit zunehmendem Alter spielt die Gesundheits- und Altersvorsorge eine wachsende Rolle. Dieses subjektive Empfinden hat jedoch eine problematische Seite. Wer den Abschluss von Vorsorgeversicherungen – beispielsweise Berufsunfähigkeits- oder Rentenversicherungen – auf spätere Lebensabschnitte verschiebt, obwohl er sie sich schon in jungen Jahren leisten könnte, verschenkt Kosten- und Sicherheitsvorteile. Denn ausreichender Versicherungsschutz ist später nicht oder nur noch gegen viel Geld zu haben.

So sieht der optimale Schutz für die persönliche Sicherheit im Laufe eines Lebens aus:

Versicherungen für Kinder, Schüler, Azubis

Kinder sind bei wichtigen Verträgen über die Eltern bzw. den erziehenden Elternteil, in dessen Haushalt sie leben, mitversichert. Das betrifft insbesondere:

- **Die private Haftpflichtversicherung**

  Kinder sind in der privaten Haftpflichtversicherung der Eltern mitversichert. Das betrifft auch die Schulzeit, der Versicherungsschutz reicht bis zum Ende der ersten Ausbildung. Auch volljährige, unverheiratete Kinder sind bis zum Ende der ersten Ausbildung bzw. des ersten Studiums sowie während des Wehr- und Wehrersatzdienstes mitversichert. Eine eigene Haftpflichtversicherung benötigen Berufs- und Zeitsoldaten sowie alle, die eine zweite Lehre oder ein zweites Studium anschließen. Kinder, die das siebte Lebensjahr noch nicht vollendet haben, sind nicht deliktsfähig, das heißt, sie haften für vorsätzlich oder fahrlässig verursachte Schäden nicht. Für fahrlässig verursachte Unfälle mit Kraftfahrzeugen haften Kinder erst ab Vollendung des zehnten Lebensjahres.

- **Hausratversicherung**

  Solange Kinder, auch volljährige, bei den Eltern wohnen, ist deren Hausrat durch den Vertrag der Eltern mitversichert.

- **Rechtsschutzversicherung**

  Kinder sind durch die Familienrechtsschutzversicherung der Eltern mitversichert.

- **Krankenversicherung**

  Kinder sind über die Krankenversicherungen der Eltern beitragsfrei (gesetzliche Krankenversicherung) bzw. beitragspflichtig (private Krankenversicherung) mitversichert. Bei Reisen ins Ausland sollten auch Kinder eine Auslandsreiskrankenversicherung haben.

- **Unfallversicherung**

  Kinder stehen unter dem Schutz der gesetzlichen Unfallversicherung für alle Unfälle, die im Kindergarten, in der Schule, in der Ausbildungsstätte, in der Universität, am Arbeitsort und auf den Wegen dorthin sowie auf dem Weg nach Hause passieren.

  Außerhalb dieser Orte, das heißt die meiste Zeit und bei den meisten Gefahren, sind Kinder nicht gegen die finanziellen Folgen von Invalidität versichert. Deshalb empfiehlt sich der Abschluss einer Kinderunfallversicherung, besser noch einer Kinderinvaliditätsversicherung. Diese zahlt bei Invalidität nach Unfällen und Krankheiten.

- **Berufsunfähigkeitsversicherung**

  In jüngster Zeit sind auch Schul- oder Berufsunfähigkeitsversicherungen für Kinder auf den Markt gekommen. Können junge Menschen aus gesundheitlichen Gründen später keinen Beruf ausüben, sind die finanziellen Folgen verheerend. Denn nicht einmal auf die dürftigen Leistungen der gesetzlichen Rentenversicherung haben sie einen Anspruch. Für den Abschluss einer BU-Versicherung bereits in jungen Jahren spricht die Tatsache, dass - wie bei der Versicherung aller biometrischen Risiken - der Schutz umso billiger ist, je früher er vereinbart wird. Wegen ihrer noch intakten Gesundheit bekommen sehr junge Menschen auch leichter Versicherungsschutz als ältere Versicherte.

- **Ausbildungsversicherungen**

  Die Ausbildung der Kinder ist teuer und kann - im Falle eines Medizinstudiums - bis zu 200.000 Euro kosten. Deshalb bieten Versicherungen zunehmend Ausbildungsversicherungen an. Dabei handelt es sich um Kapitalversicherungen. Die Rendite auf die Sparbeiträge ist jedoch sehr dürftig. Wer für die Ausbildung der Kinder vorsorgen will, sollte das besser mit anderen Produkten tun, beispielsweise mit Banksparverträgen.

- **Kinder- und Enkelpolicen**

  Sie heißen Känguru.invest, Biene Maja, Max Schlaubär, Teddy, Tabaluga oder einfach Enkelpolice oder Starthilfe. Gemeinsam ist ihnen, dass es sich um Vorsorgeversicherungen für Kinder handelt, die Elemente der Alters-, Invaliditäts-, Hinterbliebenen- und Ausbildungsvorsorge enthalten. Abschließen sollen solche Verträge vor allem Großeltern zu Gunsten ihrer Enkel. „Alter 60plus, vermögend, aktiv, großzügig" - so lautet der Steckbrief für diese Zielgruppe. Sie sollen einen Teil ihres Vermögens an die übernächste Generation weitergeben. Dazu bedarf es nicht einmal testamentarischer Vorsorge oder generöser Schenkungen, sondern das Problem ist schon mit wenigen Euro im Monat gelöst. Außerdem ist es steuerlich von Vorteil, wenn die Großeltern für die Enkel vorsorgen.

Enkelversicherungen bestehen meist aus mehreren Bausteinen. Üblich sind Renten, Kinderunfallversicherungen, Schulunfähigkeits-, Erwerbs- und Berufsunfähigkeitsversicherungen, Krankenzusatzversicherungen und Ausbildungsversicherungen. Wichtig ist die Flexibilität. Das betrifft insbesondere die Nachversicherungsgarantien zu möglichst vielen Anlässen wie Volljährigkeit, Ausbildung, Studium, Berufseinstieg, Geburt von Kindern oder Wechsel in die Selbstständigkeit. Immer mehr Anbieter sehen auch Teilentnahmen während der Ansparzeit vor, die für die „Anschubfinanzierung" zum Start ins eigene Leben genutzt werden können.

Das Problem dieser Verträge besteht darin, dass das in der Regel hohe Alter der Versicherungsnehmer und Beitragszahler solche Verträge teuer macht. Für den Todesfall übernehmen manche Versicherer die weitere Betragszahlung.

Versicherungen für Berufsanfänger

Mit dem Start ins Berufsleben und mit der Begründung eines eigenen Haushalts fängt das „Versicherungsleben" erst richtig an. Der wichtigste und vordringlichste Schritt:

- **Private Haftpflichtversicherung abschließen**

  Mit der Begründung eines eigenen Hausstandes (Auszug aus dem Elternhaus) bzw. dem Eintritt ins Berufsleben (nach Abschluss der ersten Ausbildung) erlischt der Versicherungsschutz der elterlichen Haftpflichtversicherung.

- **Berufsunfähigkeitsversicherung abschließen**

  Mit dem Eintritt ins Berufsleben sollte auch das Berufsunfähigkeitsrisiko versichert werden. Neue Verträge sollten unbedingt Optionen auf eine spätere Erhöhung des Versicherungsschutzes ohne erneute Gesundheitsprüfung enthalten. Besteht bereits ein Vertrag, muss dieser an die neuen Einkommensverhältnisse angepasst werden.

Ist eine Berufsunfähigkeitsversicherung zu teuer, ist eine private Unfallversicherung (siehe Seite 27 ff.) der alternative Mindeststandard.

- **Altersvorsorge starten**

   Arbeitnehmer haben Anspruch auf die Förderung der Altersvorsorge. Das sollte sich niemand entgehen lassen. Je früher der Einstieg in die Altersvorsorge beginnt, umso größer die Wirkungen des Zinseszinseffekts. In Frage kommen die Riester-Rente (siehe Seite 115 ff.) und die betriebliche Altersvorsorge (siehe Seite 123 ff.).

- **Hausratversicherung kann warten**

   Ob mit der Begründung eines eigenen Haushalts sofort auch eine Hausratversicherung abgeschlossen werden muss, liegt im persönlichen Ermessen jedes Einzelnen. In der Regel wird der erste Haushalt noch nicht so umfangreich sein, dass er versichert werden muss.

- **Kombiversicherungen für Berufsstarter**

   Einige wenige Versicherer bieten Kombiversicherungen an, die auf die Versicherungsbedürfnisse von jungen Leuten und Berufsanfängern im Alter zwischen 15 und 25 Jahren zugeschnitten sind. Sie bestehen aus einer Reihe von Bausteinen: Unfall-, Privat-Haftpflicht-, Hausrat-, Rechtsschutz- und Berufsunfähigkeitsversicherung, mitunter auch Altersvorsorge. Sie sind auch preislich attraktiv, da sie meist rabattiert sind.

Versicherungen für junge Familien

Wird eine Familie gegründet und werden Kinder geboren, sollte das Anlass für den Ausbau des Versicherungsschutzes sein.

- **Single-Tarife umstellen**

   Wer vorher Versicherungen mit Single-Rabatten abgeschlossen hat, muss diese nunmehr auf Normaltarife umstellen. Das betrifft Haftpflicht-, Unfall-, Rechtsschutz- und Kfz-Versicherungen.

- **Angehörige absichern**

  Jede Familie sollte für den Fall des Todes des Hauptverdieners vorsorgen. Ansonsten stehen die hinterbliebenen Ehepartner und Kinder mittellos da. Besonders groß sind die Gefahren, wenn die Familie Kredite aufgenommen hat, sei es für Anschaffungen, ein Auto oder für den Hausbau. Die sicherste und preiswerteste Vorsorge ist eine Risiko-Lebensversicherung (siehe Seite 74 ff.).

- **Berufsunfähigkeitsversicherung anpassen**

  Die Familiengründung und die Geburt von Kindern sollten dazu genutzt werden, die versicherte Rente in der Berufsunfähigkeitsversicherung zu erhöhen.

- **Unfallversicherung für Kinder abschließen**

  Eine Kinderunfallversicherung gehört in jede Familie, besser noch eine Kinderinvaliditätsversicherung.

- **Hausrat versichern**

  Meist ist es jetzt auch an der Zeit, Vorsorge für den Verlust oder die Beschädigung von Hab und Gut zu treffen. Die Hausratversicherung (siehe Seite 85 ff.) schützt vor finanziellen Verlusten.

- **Altersvorsorge aufstocken**

  Wer bei der Riester-Rente oder bei der betrieblichen Altersvorsorge die maximal mögliche geförderte Anlagesumme von vier Prozent des Vorjahresbruttoeinkommens noch nicht erreicht hat, sollte unbedingt aufstocken. Weil Kinder bei der Riester-Rente mit Zulagen gefördert werden (siehe Seite 116 ff.), sollte sich niemand diese Geldgeschenke vom Staat entgehen lassen.

- **Überversicherung vermeiden**

  Junge Familien sind geschätzte Zielgruppen fleißiger Versicherungsverkäufer, die für alle nur erdenklichen Risiken Schutz versprechen. Doch gerade bei jungen Familien ist das Geld meist knapp. Entbehrlich sind in der Regel Rechtsschutz-, Glas- und Kranken-Zusatzversicherungen. Wer eine Berufsunfähigkeitsversicherung hat, braucht keine private Unfallversicherung.

Versicherungen in der Mitte des Lebens

Wer in der Haupterwerbsphase steht – meist sind das die Jahre zwischen 35 und 55 – hat finanziell mehr zu verlieren als in jungen Jahren, kann sich aber auch besseren Versicherungsschutz leisten. Zu empfehlen sind folgende Schritte:

- **Berufsunfähigkeitsschutz überprüfen**

  Wenn immer das möglich und nicht mit großen Beitragssteigerungen verbunden ist, sollte die versicherte BU-Rente der aktuellen Einkommenssituation angepasst werden.

- **Zusätzliche Altersvorsorge treffen**

  Spätestens in dieser Lebensphase sollte die Riester-Rente bzw. betriebliche Altervorsorge durch weitere Vorsorgeverträge ergänzt werden. Im Bereich der Versicherungen eignet sich dafür die private Rentenversicherung (siehe Seite 132 ff.).

- **Krankenversicherungsschutz verbessern**

  Wer als Angestellter so viel verdient, dass er nicht mehr der Versicherungspflicht in der gesetzlichen Krankenversicherung unterliegt, sollte einen Wechsel in die private Krankenvollversicherung erwägen (siehe Seite 38 ff.). Ob sich das lohnt, hängt vom Beitrag ab, für den der Gesundheitszustand zum Zeitpunkt des Eintritts eine wichtige Rolle spielt. Vor allem für junge und gesunde Menschen wird sich ein Übertritt in die Privatversicherung lohnen.

  Aber auch Kassenpatienten sollten ihren Versicherungsschutz durch den Abschluss privater Zusatzversicherungen aufbessern. Eine Versicherung für Zahnersatz ist sehr zu empfehlen, versicherbar sind aber auch Wahlleistungen im Krankenhaus oder privatärztliche ambulante Leistungen. Auf Kranken- oder Krankenhaustagegeld-Versicherungen können abhängig Beschäftigte mit Lohnfortzahlung im Krankheitsfall verzichten, Selbstständige und Freiberufler hingegen nicht.

- **Rechtsrisiko versichern**

  Ein Rechtsstreit vor Gericht kann eine Menge Geld kosten. Insbesondere der Berufsrechtsschutz und der Verkehrsrechtsschutz nehmen an

Bedeutung zu. Wer bei arbeitsrechtlichen Auseinandersetzungen mit Arbeitgebern, z.b. um Kündigungen und Abfindungen, ohne Kostenrisiko auf die Hilfe eines professionellen Anwaltes bauen kann, hat deutlich bessere Karten als unversicherte Arbeitnehmer.

- Hausratversicherung anpassen

   Anschaffungen erhöhen meist auch den Wert des Hausrates. Wer bei einem Schaden nicht auf einem Teil der Kosten sitzen bleiben will, sollte die Versicherungssumme überprüfen und gegebenenfalls nach oben anpassen.

- Hausbesitz versichern

   Deutschlands Eigenheimbesitzer sind beim Bau oder Kauf der Immobilie im Durchschnitt 41 Jahre alt und stehen mitten im Erwerbsleben. Wer ein Haus baut, braucht mindestens eine Bauherren-Haftpflichtversicherung und eine Feuerrohbauversicherung. Nützlich sind auch die Bauleistungs- und die Fertigstellungsversicherung. Eigenheimbesitzer sollten unbedingt eine Wohngebäudeversicherung abschließen (siehe Seite 94 ff.) und dabei möglichst auch Elementar- und Umweltschäden versichern. Für Öltankbesitzer ist die Gewässerschadenhaftpflicht bzw. besser gleich eine Umweltschadenhaftpflichtdeckung ein Muss.

   Für das selbst genutzte Wohneigentum reicht die private Haftpflichtversicherung zur Deckung der Grundstückshaftung völlig aus. Wer vermietet, sollte auf eine Grundbesitzer-Haftpflichtversicherung nicht verzichten.

Versicherungen für die Generation 50plus

Ob die letzte Phase des Erwerbslebens mit 50, 55 oder 60 Jahren beginnt, ist nicht so entscheidend. Die Versicherungswirtschaft hat die Zielgruppe „50plus" so definiert, weil ungefähr von diesem Alter an nochmals Entscheidungen anstehen, um den Versicherungsschutz zu optimieren. Dies gilt vor allem in Hinsicht auf den nun nicht mehr allzu fernen Ruhestand.

- **Altersvorsorge optimieren**

  Jetzt ist die letzte Möglichkeit, nochmals die Vorsorge für das Rentenalter aufzubessern. Dafür sollten vor allem Auszahlungen aus fälligen Sparverträgen, Erbschaften oder Abfindungen genutzt werden. Werden Einmalbeiträge in eine private Rentenversicherung eingezahlt, entsteht daraus eine lebenslange Rente.

  Steuerlich lohnend sind in der Regel auch Einzahlungen in eine Basisrente (siehe Seiten 127 ff.), die ebenfalls zu einer lebenslangen Leibrente führen.

- **Unfallversicherung seniorengerecht gestalten**

  Wer vor vielen Jahren eine private Unfallversicherung abgeschlossen hat, sollte den Vertrag jetzt kündigen und eine Senioren-Unfallversicherung abschließen (siehe Seite 32). Denn spätestens mit 65 ist der alte Vertrag praktisch wertlos.

- **Für das Pflegerisiko vorsorgen**

  Wer bisher noch nicht an das Pflegerisiko im Alter gedacht hat, sollte spätestens jetzt vorsorgen und zwar mit einer privaten Pflegezusatzversicherung (siehe Seite 51 ff.). Bei Pflegerenten sind auch Einmalbeiträge möglich.

Versicherungen in der Rentenphase

Auch Senioren brauchen Versicherungen, wenn auch nicht mehr so viele. Die Berufsunfähigkeitsversicherung endet mit 60 oder 65 Jahren, sie ist überflüssig. Auch Risikolebensversicherungen sind nicht mehr sinnvoll. Die Riester-Rente, die betriebliche Altersvorsorge und die privaten Rentenversicherungen erfordern keine Beitragszahlungen mehr, die Verträge sind in die Leistungsphase eingetreten, es fließen Rentenleistungen.

Viele Verträge sollten dahingehend überprüft werden, ob sie noch sinnvoll sind. Ist der Versicherungsschutz noch notwendig und bezahlbar, sollten

Versicherte prüfen, ob sie als Rentner nicht besser in Tarife wechseln, die seniorenspezifische Deckungen enthalten. Das betrifft vor allem:

- **Unfallversicherung:** Deckungen für Unfälle durch alterbedingte Gebrechen wie Oberschenkelhalsbruch, Bewusstseinstrübungen, Fehler bei der Medikamenteneinnahme etc., verbesserte Gliedertaxe, Hilfeleistungen im Notfall.

- **Haftpflichtversicherung:** Deckungen für Schäden bei Gefälligkeitshandlungen, Schäden durch deliktsunfähige Enkelkinder, Schäden durch Schlüsselverlust.

- **Rechtsschutzversicherungen:** Kleiner Berufsrechtsschutz für Ruheständler und geringfügig Beschäftigte, Sozialgerichts-Rechtsschutz und Rechtsschutz für vorgerichtliche Widerspruchsverfahren, Beratungsrechtsschutz für Familien-, Lebenspartnerschafts- und Erbrecht.

- **Hausratversicherung:** Deckungen für einfachen Diebstahl und Trickdiebstahl, erweiterte Außenversicherung, Mitversicherung von Allmählichkeitsschäden, Hilfeleistungen im Notfall.

Streitfall Sterbegeldversicherung

Auch der letzte Gang kostet Geld und das nicht zu knapp. Gut 5.000 Euro kostet im Durchschnitt ein Urnenbegräbnis. Vielen älteren Menschen ist es ein Bedürfnis, für diesen Fall vorgesorgt zu haben. Daraus erklärt sich, dass Sterbegeldversicherungen und Trauervorsorge-Versicherungen reißenden Absatz finden. Denn vom Standpunkt der Geldanlage sinnvoll sind sie nicht. Besser wäre es, eine bestimmte Summe dafür auf einem Banksparkonto zu reservieren. Das bringt mehr und ist obendrein deutlich kostengünstiger.

Allerdings muss man beim alternativen Sparen für den Trauerfall Vorsorge dafür treffen, dass die Angehörigen von den Rücklagen wissen, im Todesfall auf sie zugreifen können und das Geld so verwenden, wie der Verblichene es zu seinen Lebzeiten gewünscht hat. Das ist nicht immer garantiert und hängt auch von den konkreten Umständen, das heißt vom Verhältnis zu den nächsten Anverwandten ab. Weil nicht jeder darauf vertraut, dass sein letzter Wille geschehe, haben Trauerfall-Vorsorgeversicherungen ihre Daseinsberechtigung. Dabei sorgt der Versicherte nicht nur für die Kosten vor, sondern bucht schon zu Lebzeiten eine komplette Dienstleistung, vom Sarg über den Blumenschmuck bis hin zur Musik.

Welche Versicherung für wen und wann?

Stellenwert und Bedeutung von Versicherungen ändern sich im Laufe des Lebens. Manche sind immer wichtig, andere nur zeitweise und wiederum andere sind komplett überflüssig.

IN JEDER LEBENSPHASE RICHTIG VERSICHERT

Versicherung	Altersgruppe					
	0-16	15-25	20-35	30-55	50+	Ab 67
Privathaftpflicht	■■■	■■■	■■■	■■■	■■■	■■■
Kfz-Haftpflicht	■■■	■■■	■■■	■■■	■■■	■■■
Gewässerschaden-Haftpflicht	-	■■ für Öltankbesitzer				
Haus- und Grundbesitzerhaftpflicht	-	■■ für Vermieter von Immobilien				
Bauherren-Haftpflicht	-	■■ für Bauherren -				
Berufsunfähigkeitsversicherung	-	■■	■■	■■	■	-
Unfallversicherung	■■■	(■)*	(■)*	(■)*	(■)*	■■
Kinderinvaliditätsversicherung	■■	-	-	-	-	-
Private Kranken-Vollversicherung		■■■ für Beamte und Selbstständige (bzw. deren Kinder)				
Krankenhaustagegeldversicherung	-	O	O	O	O	O

Versicherung	Altersgruppe					
	0-16	15-25	20-35	30-55	50+	Ab 67
Krankentagegeld-Versicherungen	-	-	■ für Selbstständige und Freiberufler			-
Stationäre Zusatzversicherungen	-	-	■	■	■	■
Zahnzusatz-Versicherung	-	-	■	■	■	■
Auslandsreise-Krankenversicherung	■	■■	■■	■■	■■	■■■
Pflege-Zusatzversicherung	-	O	O	■	■■	■■
Hausratversicherung	-	-	■	■■	■■	■■
Glasversicherung	-	O	O	O	O	O
Reisegepäck-Versicherung	-	O	O	O	O	O
Reiserücktrittskostenversicherung	-	■	■	■	■	■
Wohngebäudeversicherung	-	-		■■		
Risiko-Lebensversicherung	-	-	■■ für alle, die für andere sorgen			-
Riester-Rente	-	■■ für Arbeitnehmer				
Betriebliche Altersvorsorge	-	■■ für Arbeitnehmer				
Private Rentenversicherung	-	■	■■	■■	■■	■■
Basisrente	-	-	■ für Selbstständige			
Kapitallebensversicherung	-	O	O	O	O	O
Ausbildungsversicherung	O	-	-	-	-	-
Rechtsschutz	-	-	■	■	■	■
Kfz-Vollkasko	-	■ für Besitzer neuer Fahrzeuge				
Kfz-Teilkasko	-	■	■	■	■	■

■■■ = unbedingt notwendig; ■■ = sehr zu empfehlen; ■ = sinnvoll; O = überflüssig; * sofern keine Berufsunfähigkeitsversicherung vorhanden.

Exkurs: Versicherungen für Frauen

Die Ehe als Altersvorsorge sollte in den Zeiten der Gleichberechtigung ein Auslaufmodell darstellen, aber immer noch zu viele Frauen bauen darauf. Das heißt: Sie sorgen selbst zu wenig vor. Das ist fatal, denn ihre Anwartschaften aus der gesetzlichen Rentenversicherung sind meistens sehr gering. Viele Frauen arbeiten nur in Teilzeit und haben Unterbrechungen in ihren Erwerbsbiografien. Selbst wenn sie in Vollzeit arbeiten, verdienen sie im Schnitt 20 Prozent weniger als ihre männlichen Kollegen, wiederum mit negativen Auswirkungen auf ihr Rentenkonto. Andererseits muss die Vorsorge von Frauen deutlich länger reichen als die von Männern, denn Frauen haben eine deutlich höhere Lebenserwartung. Ähnlich unterrepräsentiert sind Frauen nicht nur bei der privaten Altersvorsorge, sondern auch beim Schutz gegen Berufsunfähigkeit.

Wenn Frauen bei Versicherungen, insbesondere bei der Vorsorge sparen, kann das fatale Folgen haben. Die wichtigsten Schritte, um finanziellen Notlagen vorzubeugen:

- Möglichst frühzeitig eine **Berufsunfähigkeitsversicherung** abschließen, auch für Hausfrauen. Das ist besser als eine Unfallversicherung, denn mit einer BU-Versicherung wird der Wert der Arbeitskraft gegen Unfall und Krankheit versichert.

- Die **Förderung nutzen** durch Abschluss einer Riester-Rente und/oder einer betrieblichen Altersvorsorge während der Berufstätigkeit. Günstig ist eine Direktversicherung, die auch bei vorübergehenden Unterbrechung der Berufstätigkeit privat weiter geführt werden kann.

- Auch nicht erwerbstätige Ehefrauen von förderberechtigten Arbeitnehmern können als mittelbar Begünstigte eine **Riester-Rente** abschließen. Das geht für einen Mindestbeitrag von 60 Euro pro Jahr.

- Auch mit Mitte 50 kann die private Vorsorge noch aufgebessert werden, beispielsweise durch **Einmalbeiträge**. Dazu eignen sich Auszahlungen aus Erbschaften, vermögenswirksamen Leistungen oder sonstigen Sparplänen, die in einen Rentenvertrag mit lebenslanger Rentenzahlung fließen.

- Nicht vergessen sollten Frauen eine private **Vorsorge für den Pflegefall**. Wegen ihrer im Vergeich zu Männern höheren Lebenserwartung haben Frauen ein höheres Pflegerisiko und können als Pflegefall in der Regel nicht auf die Unterstützung des Partners bauen, immer seltener auch auf die Unterstützung von Kindern.

Exkurs: Was tun bei Scheidung?

Die Neuordnung der Versicherungsangelegenheiten gerät bei Scheidungen oft aus dem Blickfeld. Sollte sie aber nicht, denn durch die Trennung können Versicherungslücken entstehen, so dass zu den Trümmern einer Ehe auch noch materielles Elend kommen kann. Und eingedenk der Volksweisheit, dass ein Unglück selten allein kommt, sollten die Ex-Partner ihre Versicherungen ganz schnell neu ordnen.

Lebensversicherung teilen

Knapp zwei Millionen Paare lassen sich jedes Jahr in Deutschland scheiden Und jedes Mal müssen nicht nur Vermögenswerte, sondern auch die während der Ehe erworbenen Rentenansprüche in einem Versorgungsausgleich geteilt werden.

Seit dem Inkrafttreten des Gesetzes zur Strukturreform des Versorgungsausgleichs am 1. September 2009 gelten dafür neue Regeln. Geändert hat sich die Art und Weise der Teilung. Bisher wurden die während einer Ehe erworbenen Ansprüche aus allen Versorgungsarten hochgerechnet und die Wertdifferenzen über Verrechnung mit der gesetzlichen Rentenversicherung ausgeglichen.

Bei ab dem 1. September 2009 geschiedenen Ehen werden die während der Ehe erworbenen Anwartschaften aller Versorgungssysteme „intern" geteilt. Das heißt: Der zur Versorgung verpflichtete Partner muss die Hälfte der während der Ehe erworbenen Rentenansprüche auf den ausgleichsberechtigten Partner übertragen. Das betrifft

- die gesetzliche Rente,
- die betriebliche Altersversorgung,
- die private Altervorsorge und
- Beamtenversorgungen.

Die Teilung erfolgt sofort, vollständig und endgültig. Der jeweils ausgleichsberechtigte Partner erhält einen eigenen Anspruch auf eine Versorgung bei dem Versorgungsträger des ausgleichspflichtigen Partners. Diese kann er weiter besparen.

AUFTEILUNG DER RENTENVERSICHERUNG BEI SCHEIDUNG

> Ein Ehemann hat während der Ehezeit bei einer privaten Rentenversicherung ein Versorgungskapital von 50.000 Euro angespart. Die Ehefrau ohne eigene Versorgung erwirbt bei der Scheidung eine Anwartschaft auf 25.000 Euro bei der gleichen Versicherung. Das Kapital des Ex-Gatten wird entsprechend gekürzt. Dies gilt analog auch bei Betriebsrenten.

Ausnahme externe Teilung

Bei betrieblichen Altersversorgungen kann das Prinzip der internen Teilung dazu führen, dass das Unternehmen verpflichtet ist, der Ehefrau des Angestellten oder des Geschäftsführers eine eigene Betriebsrente einzurichten. Möglich ist aber auch eine externe Teilung. Das Unternehmen kann dem ausgleichsberechtigten Partner eine Abfindung anbieten. Dann kann das Gericht anordnen, den Ausgleichsbetrag in einen bestehenden Vertrag nach Wahl des Ausgleichsberechtigten einzuzahlen. Die externe Teilung müssen der Versorgungsträger des Ausgleichspflichtigen und der Ausgleichsberechtigte ausdrücklich vereinbaren. Die ausgleichsberechtigte Person hat jedoch nicht das Recht, den Arbeitgeber zu einer externen Teilung zu zwingen.

Neue Versorgungsausgleichskasse

Kann der Ausgleichsberechtigte für einen externen Versorgungsausgleich keine Zielversorgungseinrichtung nennen, weist das Gericht das Betriebsrentenkapital der neuen Versorgungsausgleichskasse zu. Dabei handelt es sich um eine Pensionskasse in der Rechtsform des Versicherungsvereins auf Gegenseitigkeit (VVaG). Dann wird der Vorsorgevertrag des Ausgleichsberechtigten dort weitergeführt und mit Rentenbeginn eine Rente gezahlt.

Kündigung vermeiden

Auf jeden Fall sollten die Scheidungspartner vermeiden, einen bestehenden Vorsorgevertrag zu kündigen. Denn damit geht nicht nur der Versicherungsschutz verloren, der dann nur noch – wegen des inzwischen fortgeschrittenen Alters – gegen einen höheren Beitrag zu bekommen ist. Bei der Kündigung von Kapitalversicherungen geht meist Geld verloren. Vor allem bei Verträgen, die noch nicht lange laufen, kann der Rückkaufswert unter der Summe der eingezahlten Beiträge liegen, weil Abschluss- und Risikokosten den Vertrag belasten. Bei den meisten Verträgen wird ein Großteil der erwirtschafteten Überschüsse erst in den letzten Vertragsjahren gutgeschrieben, so dass man bei einer vorzeitigen Kündigung auf diese Schlussüberschüsse verzichten muss.

Bezugsrecht ändern

Bei Weiterführung des Vertrages gibt es Änderungsbedarf bei der begünstigten Person, wenn der Ex-Partner namentlich als solcher eingetragen war. Denn schließlich wird niemand wollen, dass der Ex-Partner im Ernstfall die Versicherungssumme kassiert. Wurde ein „widerrufliches Bezugsrecht" vereinbart, ist die Änderung problemlos möglich. Bei einem „unwiderruflichen Bezugsrecht" wird es schwierig: Dann muss der Expartner der Änderung zustimmen.

Hausratversicherung: Entscheidend ist, wer auszieht

Bei der gemeinsamen Hausratversicherung sind Veränderungen bei einer Scheidung davon abhängig, wer die ehemals gemeinsame Wohnung verlässt und wer der Versicherungsnehmer war. Zieht der Versicherungsnehmer - also derjenige, auf den der Versicherungsschein ausgestellt ist - aus der gemeinsamen Wohnung aus und bleibt der Ex-Partner in der bisherigen gemeinsamen Wohnung zurück, so gilt als Versicherungsort die neue Wohnung des Versicherungsnehmers.

Der Hausrat in der bisherigen gemeinsamen Wohnung ist für eine bestimmte Frist jedoch weiter versichert. Die Versicherung endet drei Monate nach der auf den Auszug des Versicherungsnehmers folgenden nächsten Fälligkeit des Beitrags. Danach besteht Versicherungsschutz nur noch in der neuen Wohnung des Versicherungsnehmers. Der in der ehemals gemeinsamen Wohnung lebende Ex-Partner muss dann selbst eine Hausratversicherung abschließen.

Sind beide Partner Versicherungsnehmer und zieht bei einer Trennung ein Partner aus der gemeinsamen Wohnung aus, so sind Versicherungsort die bisherige Wohnung und die neue Wohnung des ausziehenden Partners. Dies gilt bis zu einer Änderung des Versicherungsvertrages, längstens bis zum Ablauf von drei Monaten nach der nächsten, auf den Auszug folgenden Beitragsfälligkeit. Danach erlischt der Versicherungsschutz für die neue Wohnung.

Ziehen beide Ex-Partner in neue Wohnungen, geht der Versicherungsschutz auf die neuen Wohnungen über. Während des Wohnungswechsels besteht in den neuen Wohnungen und in der alten Wohnung noch Versicherungsschutz für drei Monate. Nach der nächsten, auf den Auszug der Eheleute folgenden Beitragsfälligkeit, erlischt der Versicherungsschutz für beide neuen Wohnungen.

Haftpflichtversicherung bis zur Scheidung

Egal, ob die Partner noch unter einem Dach leben oder nicht: Bis zur Scheidung bleiben beide versichert. Nach der Scheidung benötigt derjenige Partner, der bisher beitragsfrei mitversichert war, einen eigenen Vertrag. Die Kinder bleiben jedoch auf jeden Fall mitversichert, entweder bei dem Elternteil, der bisher Versicherungsnehmer war und bei dem die Kinder weiterhin leben, oder aber bei dem anderen Partner, der einen neuen Vertrag abschließt.

> **! ACHTUNG NACH SCHEIDUNG SOFORT NEUEN VERTRAG ABSCHLIEßEN ! ACHTUNG**
>
> Wegen des großen finanziellen Risikos einer Haftung sollten geschiedene Partner, die einen neuen Vertrag abschließen müssen, dieses Problem ganz schnell lösen.

Unfallversicherung teilen

Besteht für jedes Familienmitglied ein eigener Vertrag, so muss höchstens überprüft werden, wer Versicherungsnehmer war und wer die Beiträge gezahlt hat bzw. wer sie künftig zahlen soll. Besteht eine Familienunfallversicherung, sollte diese in Einzelverträge umgewandelt werden. Wichtig ist, dass derjenige Ex-Partner, bei dem die Kinder leben, einen besonders hohen Versicherungsschutz für den Fall der Invalidität der Kinder vereinbart.

Kinder absichern

An die Kinder sollten Expartner auch bei der Lebensversicherung denken. Vor allem Frauen, die in der Ehe keinen eigenen Vertrag abgeschlossen hatten, sollten dies nach einer Trennung unbedingt tun. Schließlich sind sie jetzt der „Haushaltsvorstand", der für die bei ihnen lebenden Kinder für den „Fall aller Fälle" vorsorgen muss. Dafür reicht eine relativ preiswerte Risikolebensversicherung aus.

Krankenversicherung prüfen

Nicht berufstätige Ehepartner sind über den Berufstätigen in der gesetzlichen Kranken- und Pflegeversicherung mitversichert. Bei einer Scheidung endet diese Familienversicherung. Geschiedene, die bisher nicht gearbeitet haben, benötigen dann eine eigene gesetzliche Krankenversicherung.

Versicherungen richtig managen

Der Versicherungsbedarf ändert sich im Laufe des Lebens. Bestehende Verträge müssen angepasst oder aufgelöst werden, neue werden abgeschlossen. Doch auch der Wettbewerb gibt Anlass, den Versicherer zu wechseln. Jeder Autofahrer kennt das. Alljährlich im November grassiert das „Wechselfieber". Wer zum 1. Januar des Folgejahres bei einem anderen Kfz-Versicherer abschließen möchte, der muss bis zum 30. November beim alten gekündigt haben. Jedem Versicherungsabschluss sollte ein genauer Vergleich vorausgehen. Dazu gibt es verschiedene Möglichkeiten.

Über Versicherungen informieren und Tarife vergleichen

Informationsquellen über Versicherungen gibt es viele. Man muss nur ihre Stärken und Schwächen kennen.

- **Presse, Funk und Fernsehen:** Mitunter werden in den Medien Ratschläge für den Abschluss von Versicherungen gegeben. Groß „in Mode" sind „Rennlisten", die beispielsweise „Die besten Unfallversicherungen" aufzählen. Da ist eine gesunde Portion Misstrauen angebracht, denn es stellt sich die Frage, wer diese „Rennlisten" erstellt hat und vor allem auf welcher Grundlage. Da Versicherungen immer weniger vergleichbar werden, liegen solchen „Rennlisten" meist Musterfälle zugrunde, die selten mit dem individuellen Versicherungsbedarf übereinstimmen. Auch kann nicht ausgeschlossen werden, dass werbliche Motive das Ergebnis des Rankings beeinflusst haben.

- **Internet:** Das ist scheinbar die bequemste Art des Vergleichs. Die Anzahl der Vergleichsportale ist kaum mehr zu überschauen. Die Eingabe des Suchbegriffs bei Google, beispielsweise „Unfallversicherung Vergleich" liefert mehr als 300.000 Ergebnisse, von denen viele versprechen: „unabhängig", „kostenlos" und „sparen". Die entscheidende Frage lautet: Wer betreibt das Portal? In den meisten Fällen sind das

Versicherungsvermittler, die auf diesem Wege Kunden akquirieren wollen oder Versicherungsgesellschaften selbst. Eine unabhängige Auswahl ist dabei nicht möglich.

Sollte die Vergleichsplattform online überhaupt eine Liste von in Frage kommenden Tarifen ausspucken, stellt sich die Frage, was dort verglichen worden ist. Ein reiner Preisvergleich ist absolut wertlos, wenn dahinter nicht auch ein Vergleich der Leistungen steht. Je umfangreicher der Kunde im Versicherungsportal nach seinen Wünschen gefragt wird, umso aussagefähiger sind die Ergebnisse.

- **Stiftung Warentest:** Die Zeitschrift „Finanztest" veröffentlicht regelmäßig Untersuchungen zu den wichtigsten Versicherungen und bewertet Tarife, Preise und Leistungen. Auch die Stiftung Warentest muss dabei mit Musterfällen arbeiten, die dem individuellen Bedarf nicht in jedem Fall gerecht werden können. Die Vergleiche lassen jedoch Rückschlüsse auf preisgünstige und leistungsstarke Anbieter zu, bei denen Interessenten sich Angebote einholen können.

- **Familie, Bekannte und Freunde:** Die Empfehlung ist immer wieder ein starkes Argument. Wenn andere gute Erfahrungen mit einer Versicherung gemacht haben, so kann das nicht falsch sein, lautet die Devise. Auch hier gilt: Was in dem einen Fall gut und sinnvoll ist, muss auf den anderen nicht unbedingt passen. Außerdem ist zu berücksichtigen, dass viele Vermittler mit dem Empfehlungsmarketing arbeiten, das heißt, sie fordern ihre Kunden auf, Freunde und Verwandte zu benennen, die ebenfalls als Kunden geworben werden können.

> **! VOR KONTAKTAUFNAHME MIT VERMITTLER SELBST INFORMIEREN !**
>
> Wer den Abschluss einer Versicherung plant, sollte nach Möglichkeit vor dem Gang zum Vermittler über ein Minimum an Informationen verfügen. Das umfasst in erster Linie die eigenen Wünsche an die Leistungen des Versicherers, aber auch nach Möglichkeit die Kenntnis darüber, welche Versicherer in der Sparte überhaupt in Frage kommen.

Viele Wege führen zum Vertragsabschluss

In den vergangen Jahren sind die Rechte der Verbraucher durch die Versicherungsvermittler-Richtlinie und durch das Versicherungsvertragsgesetz erheblich gestärkt worden. Vereinfacht gesagt läuft es darauf hinaus, dass der Vermittler vor Beginn der Beratung seinen Kunden darüber aufklären muss, für welche Versicherung er Verträge verkauft, welche Kenntnis des Marktes er hat und welche Qualifikation er besitzt. Er muss die Wünsche des Kunden erfragen und er muss die Beratung schriftlich dokumentieren. Im Wesentlichen ist der Vertragsabschluss auf folgenden Wegen bzw. bei folgenden Vermittlern möglich:

- **Ausschließlichkeitsvermittler:** Dabei handelt es sich um den typischen Versicherungsvertreter. Er vermittelt in der Regel nur Verträge eines Anbieters. Es handelt sich um gut geschulte Verkäufer, die ihr Produkt sehr gut kennen. Der Vermittler besitzt eine Ausbildung beim Berufsbildungswerk der Deutschen Versicherungswirtschaft und er ist in ein Vermittlerregister bei der IHK eingetragen. Er haftet nicht selbst für Fehler in seiner Beratung, sondern das tut der Versicherer, für den er arbeitet. Der Ausschließlichkeitsvertreter ist – auch wenn er selbstständig ist – Partei des Versicherers. Er erhält seine Bezüge (Provisionen) vom Versicherer. Sie betragen beispielsweise bei Lebens- und Rentenversicherungen bis zu 5,5 Prozent der Beitragssumme. Da können je nach Vertrag mehrere tausend Euro Kosten zusammenkommen.

Das müssen Verbraucher wissen. Gründe, den Ausschließlichlichkeitsvertreter als Partner für den Versicherungsabschluss zu meiden, sind das nicht. Wer sich schon für einen Versicherer entschieden hat, ist beim Vertreter richtig. Vor allem bei beratungsintensiven Produkten wie Renten-, Berufsunfähigkeits- und Krankenversicherungen kann der Einfirmenvertreter die richtige Adresse sein. Im Zweifel können Verbraucher Rat bei verschiedenen Vertretern unterschiedlicher Versicherer einholen.

- **Merfachvermittler:** Dabei handelt es sich um Vermittler, die mehr als einen Versicherer verteten. Das Auswahl ist zwar etwas größer als bei den Einfirmenvertetern, ansonsten gilt aber das Gleiche. Sie sind Partei des Versicherers.

- **Strukturvertriebe:** Dabei handelt es sich um eine besondere Form der Mehrfachvermittler. Ihr Produktportfolio umfasst Angebote mehrerer Versicherer, Banken, Investmentgesellschaften und Bausparkassen. Häufig erheben sie den Anspruch der „unabhängigen Beratung". Das ist in der Regel nicht der Fall. Durch die pyramidenartige Organisation des Vertriebs – jede Hierarchieebene verdient an den Provisionen der unter ihr stehenden mit – wird das Neugeschäft auf aggressive Weise forciert. Auch hier gilt: Die Vermittler sind den Unternehmen, deren Produkte sie vermitteln, verpflichtet und zusätzlich noch der Vertriebsorganisation, für die sie tätig sind.

- **Makler:** Im Unterschied zu Einfirmen- und Mehrfachvermittlern sind Makler Partei des Kunden. Sie sind verpflichtet, einen hinreichenden Marktüberblick zu haben und ermitteln im Auftrag des Kunden aus mehreren Angeboten die passende Versicherungslösung. Der Makler haftet selbst für seinen Rat und hat dafür eine Vermögensschadenshaftpflichtversicherung abgeschlossen. Da kein Makler Überblick über den gesamten Markt haben kann, wird er sich auf eine bestimmte Anzahl von Versicherern beschränken, mit denen er Vertriebsvereinbarungen unterhält. Er wird seine Kunden vor dem Beratungsgespräch darüber informieren, welche Unternehmen das sind. Auch der Makler bekommt seine Vergütung von den Versicherungen, die er an seine Kunden vermittelt.

  Der Makler ist immer dann die richtige Adresse, wenn der Verbraucher eine ausführliche Beratung benötigt, z.B. für die Altersvorsorge oder die Absicherung des Berufs- oder Erwerbsunfähigkeitsrisikos, und noch völlig offen für die Wahl des Anbieters ist.

- **Versicherungsberater:** Nur rund 100 unabhängige und gerichtlich zugelassene Versicherungsberater gibt es in Deutschland. Auch hier ist der Kunde Auftraggeber. Die Dienstleitung beschränkt sich allerdings meist auf die Beratung. Ein Produktverkauf erfolgt nicht. Die Beratung erfolgt gegen Honorar. Die Kosten können zwischen 100 und 250 Euro pro Stunde liegen. Da für den anschließenden Vertragsabschluss bei einem Vermittler in der Regel nochmals Abschlussprovisionen anfallen, lohnt sich der Gang zum Versicherungsberater nur, wenn der Aufwand sehr hoch ist.

- **Honorarberater:** Diese noch relativ neue Vertriebsform etabliert sich allmählich neben den bestehenden Vertrieben. Der Honorarberater handelt im Auftrag des Kunden und verfügt wie ein Makler über den vom Gesetzgeber geforderten „hinreichenden Marktüberblick". Er bekommt seine Vergütung – anders als Einfirmen- und Mehrfachvermittler sowie Makler – nicht vom Versicherer, sondern vom Kunden. Das Honorar muss vereinbart werden. Üblich sind Sätze zwischen 100 und 250 Euro pro Stunde, hinzu kommen noch Aufwandspauschalen. Im Gegenzug vermittelt der Honorarberater dem Kunden Tarife, die keinerlei Vertriebsprovisionen enthalten. Was der Verbraucher beim Beratungshonorar zusetzt, spart er (mindestens) bei den Versicherungskosten ein. Allerdings geht die Rechnung nicht bei allen Versicherungen auf. Es wäre absolut unsinnig, beispielsweise 100 Euro in die Beratung über eine Kfz-Versicherung zu investieren, bei der sich maximal 40 Euro Provision einsparen lassen. Sinn macht die Inanspruchnahme des Honorarberaters allerdings bei umfassenden Lösungen für die Alters- und Hinterbleibenenvorsorge, für die Absicherung der Arbeitskraft oder für die Krankenversicherung.

In jüngster Zeit werben die Verbraucherzentralen mit einer unabhängigen Honorarberatung. Zu beachten ist, dass dort – ähnlich wie beim Versicherungsberater – nur Beratung erfolgt und kein Produktverkauf. Das kostet – je nach Verbraucherzentrale – zwischen 40 und 100 Euro pro Stunde. Die Beratung durch die Verbraucherzentralen ist umstritten, da die Berater weder über einen entsprechenden Sachkundenachweis, noch eine Registrierung als Vermittler verfügen, noch die Haftungsfrage geklärt ist.

- **Direktvertrieb:** Dabei bekommt der Verbraucher gar keinen Vermittler zu sehen, sondern meist Post vom Versicherer. Der Vertragsabschluss erfolgt ebenfalls auf postalischen Weg mit Hilfe eines Identifizierungsverfahrens. Der Abschluss beim Direktversicherer sollte nur bei sehr einfachen Verträgen in Erwägung gezogen werden, z.B. bei einfachen Krankenzusatzversicherungen oder bei Auslandsreisekrankenversicherungen. Für den Abschluss im Direktvertrieb, bei dem kein Verkäufer zwischgeschaltet ist, spart der Verbraucher bei den Prämien. Das kann sich lohnen. Tabu ist der Direktvertrieb jedoch für beratungsintensive Versicherungen.

- **Abschluss im Internet:** Gleiches trifft auch auf den Internetabschluss zu, den einige Versicherer auf ihren Webseiten anbieten. Diese sollten in der Regel jedoch für die Information, für Musterrrechnungen und für das Erstellen unverbindlicher Angebote genutzt werden. Sagt die Offerte zu, sollte man unter Angabe der Adresse oder Postleitzahl einen Kontakt zu dem zuständigen Vermittler herstellen, der dann ins Haus kommt und berät.

  Sinnvoll und möglich ist der Vertragsabschluss ohne Vermittler via Internet bei bestimmten Versicherungen wie Kfz-Policen oder Auslandsereisekrankenversicherungen. Die Vertragsunterlagen kommen dann ins Haus, der Vertragsabschluss erfolgt über das Post-Ident-Verfahren, bei der die Post nach Vorlage des Personalausweises des Versicherungsantragstellers dessen Identität bestätigt und an den Versicherer weiterleitet, der daraufhin die Police ausstellt.

- **Annexvertriebe:** Häufig bekommen Verbraucher beim Kauf von Produkten oder Dienstleistungen Versicherungsverträge offeriert. Beispiele: Garantieversicherung beim Kauf eines Fernsehgerätes, Kfz-Versicherung beim Autokauf, Reiseversicherungen bei der Buchung einer Reise etc. Abgesehen davon, dass immer zu prüfen ist, ob die offerierte Versicherung sinnvoll ist, ist dort der Vertragsabschluss problemlos möglich. Tabu sollte jedoch der Kauf von Versicherungen im Supermarkt oder beim Kaffeeröster sein, entsprechende Versuche stehen rechtlich auf unsicherem Fundament und wurden von Gerichten bereits verboten. Immer dann, wenn die Versicherung in keinem Bezug zum verkauften Produkt steht, handelt es sich nicht um einen zulässigen Annexvertrieb.

Das Produktinformationsblatt lesen

Seit dem 1. Juli 2008 gilt die neue Informationspflichtverordnung. Kernstück ist das Produktinformationsblatt. Auf einer Seite sollen dem Versicherungsnehmer knapp, präzise und verständlich die wichtigsten Fakten zu seiner gewählten Versicherung erläutert werden. Die Branche hat dazu unverbindliche Vorschläge für den Inhalt herausgegeben. Informiert werden sollen die Verbraucher über folgende Punkte:

- Welchen Schutz bietet die Police?
- Was ist versichert, was nicht?
- Welchen Schutz bietet die Police?
- Wie hoch sind die Kosten?
- Wie hoch ist der Beitrag?
- Welche Risiken sind ausgeschlossen?
- Was ist bei Vertragsabschluss zu beachten?
- Welche Verpflichtungen bestehen während der Laufzeit?
- Was muss im Schadensfall beachtet werden?
- Wann beginnt und endet der Versicherungsschutz?
- Wie lange läuft der Vertrag und wann kann gekündigt werden?

In der Praxis handhaben die Versicherer das jedoch ganz unterschiedlich.

> **FEHLENDE INFORMATIONEN ANFORDERN**
>
> Sind die Informationen lückenhaft, sollte der Vermittler aufgefordert werden, sie zu beschaffen. Kann er das nicht, sollte ein anderer Versicherer gewählt werden.

Auf Kostenangaben bestehen

Seit dem 1. Juli 2008 müssen die Abschluss- und Vermittlungskosten sowie die laufenden Kosten in Euro angegeben werden. Das spielt vor allem bei Vorsorgeversicherungen eine Rolle, denn die Kosten schmälern die Rendite. Die Vorgaben des Gesetzgebers werden jedoch von den Unternehmen ganz unterschiedlich umgesetzt. Eine Gesamtkostenbelastung fehlt häufig. Vor allem bei fondsgebundenen Versicherungen sind die Kostenangaben unvollständig oder intransparent, denn die künftigen Kosten für das Management des Portfolios liegen im Dunkeln. Trotzdem: Nachfragen beim Vermittler lohnt sich. Zumindest bei den Abschluss- und Verwaltungskosten muss er „Ross und Reiter" nennen.

Vertragsabschluss widerrufen

Jeder kann sich einmal irren und schon kurz nach der Unterschrift den Abschluss bereuen. Darauf haben Verbraucher ein Anrecht, sie müssen es nur fristgerecht wahrnehmen. Nach Abschluss eines Vertrags mit einer Laufzeit von mehr als einem Jahr besteht ein Widerrufsrecht. Bis zu 14 Tage nach Unterschrift können Verbraucher ohne Angaben von Gründen vom Vertrag zurücktreten. Ist ein Widerrufsrecht wie etwa bei Lebensversicherungen ausgeschlossen, gilt das Rücktrittsrecht. Es gilt ebenfalls zwei Wochen lang.

> **! ACHTUNG — VERLÄNGERUNG DES WIDERRUFS- BZW. RÜCKTRITTSRECHTS — ! ACHTUNG**
>
> Die Versicherer müssen auf das Widerrufs- bzw. Rücktrittsrecht schriftlich aufmerksam machen und der Verbraucher muss mit seiner Unterschrift bestätigen, dass er davon Kenntnis genommen hat. Geschieht das nicht, verdoppelt sich die Frist auf vier Wochen.

Jederzeit den Überblick behalten

„Den Versicherungskram mag ich nicht" - ausgesprochen oder gedacht hat diesen Satz fast jeder schon einmal. Trotzdem verdient der „Versicherungskram" die Aufmerksamkeit jeder Familie, denn es geht um viel Geld. Weil Versicherungsbeiträge ein regelmäßig wiederkehrender Ausgabenposten sind, müssen sie hin und wieder kontrolliert werden. Doch wer kann schon nach ein paar Jahren sagen, wann er welche Versicherung, in welcher Höhe, zu welchen Bedingungen und mit welcher Laufzeit abgeschlossen hat? Erst wenn ein Schaden entstanden ist, die Versicherung schreibt, dass sie den Beitrag erhöhen wird oder wenn der Haushaltsplan zu Einschränkungen zwingt, fängt das große Suchen an.

Nicht selten halten Versicherte ratlos Versicherungsscheine und Beitragsmitteilungen in den Händen. Mitteilungen der Versicherungsunternehmen sind mitunter unübersichtlich, so dass es Mühe macht, das Entscheidende herauszufinden. Das „Versicherungsdeutsch", mit dem Juristen Klarheit zu schaffen versuchen, verursacht bei den Versicherten oftmals Unklarheit.

So schaffen Versicherte Ordnung und Überblick:

Tipp 1: Alle Versicherungsdokumente nach der Versicherungsart geordnet in einem Hefter sammeln. Unbedingt hinein gehören: Kopie des Versicherungsantrags, Versicherungsschein, das Produktinformationsblatt, die Versicherungsbedingungen, alle Beitragsrechnungen, der gesamte Schriftwechsel mit dem Versicherer (z.B. Schadensbearbeitung, Veränderungsmeldungen).

Tipp 2: Übersicht über alle Versicherungsverträge anlegen. Sie kommt als erstes Blatt in den Ordner. In tabellarischer Form werden die wichtigsten Angaben zu jedem Vertrag notiert:

- Vertrag (Unfall, Rente, Hausrat etc.)
- Versicherungsunternehmen (Name, Anschrift)
- Versicherungsberater (Name, Anschrift, Telefon)
- Versicherungsvertrags-Nummer

- Versicherte Personen oder Sachen
- Versicherungssumme
- Vertragsbeginn
- Laufzeit
- Beitragshöhe
- Zahlweise und Beitragsfälligkeit (monatlich, vierteljährlich, jährlich am ...)
- Zahlungsart (Dauerauftrag, Einzugsermächtigung, Konto-Nummer)

Tipp 3: Regelmäßig, mindestens einmal im Jahr, auf jeden Fall jedoch bei Veränderungen in der Familie Versicherungen überprüfen. Auf folgende Punkte kommt es an:

- Sind **Veränderungen** im Wert oder Umfang der versicherten Gegenstände (Hausrat, Glas, Fahrrad, Auto, Gebäude, Wochenendhaus) eingetreten?
- Hat sich bei den **versicherten Personen** etwas geändert, z.b. sind die Kinder volljährig oder haben eigene Hausstände gegründet? (wichtig für Unfall-, Hausrat- und Haftpflichtversicherungen)
- Hat sich die **berufliche Tätigkeit** geändert? (wichtig für Berufsunfähigkeits-, Unfall- und Rechtsschutzversicherungen)
- Wurden die **Versicherungsbeiträge** termingerecht und in korrekter Höhe vom Konto abgebucht?
- Sind die vereinbarten **Selbstbehalte** noch sinnvoll oder sollen sie erhöht oder verringert werdend?
- Gibt es inzwischen preiswertere und **bessere Angebote**?
- Ist diese **Versicherung wirklich wichtig** oder könnte der Haushalt einen möglichen Schaden auch selbst bezahlen?

Wer den Berater seines Vertrauens gefunden hat, kann mit ihm zusammen hin und wieder den Versicherungsbestand der Familie besprechen. Die Entscheidung über Veränderungen, insbesondere wenn es um die Kündigung von Verträgen geht, sollte jedoch dem Versicherten und nicht dem Versicherungsverkäufer vorbehalten bleiben.

Versicherungen richtig kündigen

Hin und wieder müssen Versicherungsverträge gekündigt werden. Dafür gelten Fristen, die man einhalten muss, damit der Termin nicht verpasst wird und die Versicherung ein weiteres Jahr läuft und dafür Beiträge fällig werden, die man eigentlich gar nicht mehr bezahlen möchte. Zunächst einmal muss man wissen, dass es verschiedene Arten der Kündigung gibt, nach denen sich auch die Fristen richten.

- Die ordentliche Kündigung zum Vertragsende,

- die Kündigung im Schadenfall, wenn der Versicherer die Leistung bezahlt oder ablehnt und

- die Kündigung bei einer Beitragserhöhung.

Außerdem ist die Kündigung natürlich bei „Wagniswegfall" möglich, z.B. die Kfz-Versicherung, wenn das versicherte Auto verkauft wird oder die Hausratversicherung, wenn die Wohnung aufgegeben wird.

Für die einzelnen Kündigungsarten gelten je nach Versicherung jedoch unterschiedliche Fristen.

KÜNDIGUNGSBEDINGUNGEN JE VERSICHERUNGSART

Art der Kündigung	Kündigungstermin	Frist
Bei Haftpflicht-, Glas-, Hausrat-, Rechtsschutz-, Unfall- und Gebäudeversicherungen		
Ordentliche Kündigung	Zum Vertragsende, danach jährlich zum Ende des Versicherungsjahres. Bei Verträgen, die länger als drei Jahre laufen, erstmals am Ende des dritten Jahres, danach jährlich zum ende jedes Versicherungsjahres.	Drei Monate vorher.
Kündigung nach Schaden	Nach jedem versicherten Schaden mit sofortiger Wirkung oder zum Ende des Versicherungsjahres.	Binnen eines Monats nach Leistung oder Ablehnung.
Kündigung nach Beitragserhöhung	Bei jeder Beitragserhöhung zum Termin der Erhöhung.	Binnen eines Monats nach Erhalt der Mitteilung.
Bei Kfz-Haftpflicht-, Teil- und Vollkaskoversicherungen		
Ordentliche Kündigung	Zum Ende des Versicherungsjahres (meist Kalenderjahr).	Ein Monat (30. November)
Kündigung im Schadensfall	Nach dem versicherten Schadensfall mit sofortiger Wirkung oder zum Ende des Versicherungsjahres.	Binnen eines Monats nach Leistung oder Ablehnung.
Kündigung nach Beitragserhöhung	Bei jeder Beitragserhöhung zum Termin der Erhöhung.	Binnen eines Monats nach Erhalt der Mitteilung.

Bei Risiko- und Kapitallebensversicherungen		
Ordentliche Kündigung oder Beitragsfreistellung	Zum Ende des Versicherungsjahres, bei Ratenzahlung zum Ende jedes Zahlungsabschnitts, frühestens jedoch zum Ende des ersten Jahres.	Ein Monat.
Bei Berufsunfähigkeitsversicherungen		
Ordentliche Kündigung oder Beitragsfreistellung	Zum Ende des Versicherungsjahres, bei Ratenzahlung zum Ende jedes Zahlungsabschnitts, frühestens jedoch zum Ende des ersten Jahres.	Ein Monat, bei Zusatzversicherungen in Zusammenhang mit der Hauptversicherung.
Bei privaten Krankenzusatzversicherungen		
Ordentliche Kündigung	Zum Vertragsende, danach jährlich zum Ende des Versicherungsjahres.	Drei Monate
Kündigung wegen Betragserhöhung	Nach jeder Beitragserhöhung oder Erhöhung der Selbstbeteiligung zum Termin der Erhöhung.	Binnen eines Monats nach Erhalt der Mitteilung.
Bei privaten Krankenvollversicherungen		
Ordentliche Kündigung	Unterschiedlich zum Ende des Versicherungs- oder des Kalenderjahres bei Mindestvertragslaufzeiten von meist einem Jahr oder zwei Jahren.	Drei Monate

Kündigung wegen Beitragserhöhung	Nach jeder Beitragserhöhung oder Erhöhung der Selbstbeteiligung zum Termin der Erhöhung.	Binnen vier Wochen nach Erhalt der Mitteilung.

Kündigungen vermeiden und Geld sparen

In jeder Familie treten mal finanzielle Engpässe auf. Die Ursachen sind alltäglich: Arbeitslosigkeit eines Partners, das Auto gibt vorzeitig den Geist auf und deshalb muss schnell ein neues her, unerwartete, aber dringende Ausgaben für die Kinder oder die Raten für das Eigenheim drücken.

Sind die Reserven abgeschmolzen, geraten oft auch regelmäßig wiederkehrende Ausgaben wie Versicherungen auf den Prüfstand. Könnte die Familie nicht durch die Kündigung von Versicherungen sparen? – so die nahe liegende Überlegung.

In solchen Situationen sollte sich der Familienrat klarmachen, dass Versicherungen dazu da sind, Existenzbedrohungen durch finanzielle Einbußen abzuwenden. Bildlich gesprochen: Wenn das Boot ein Leck hat, wirft man nicht gerade die Rettungsringe über Bord, damit die Last leichter wird. Haftpflicht-, Berufsunfähigkeits- und eventuell auch Hausrat- bzw. Gebäudeversicherung sind damit tabu, auch die Altersvorsorge sollte nach Möglichkeit nicht in Frage gestellt werden.

Geldverluste vermeiden

Die Kündigungserwägungen beziehen sich häufig jedoch auf die Kapitallebens- oder Rentenversicherungen. Denn deren Beiträge haben meist den größten Anteil an den Versicherungsaufwendungen.

Die Kündigung von Versicherungen, die mit einem langfristigen Kapitalaufbau verbunden sind – dies betrifft Kapitallebens-, private Renten- und Unfallversicherungen mit Prämienrückgewähr – ist jedoch ein schlechtes Geschäft. Denn ausgezahlt wird nur der aktuelle Rückkaufswert zusammen mit mehr oder weniger vorhandenen Überschussbeteiligungen. Davon werden noch Stornogebühren abgezogen. Weil Kapitalverträge mit Anfangskosten belastet sind, vor allem durch die Kosten für den Vertrieb, liegt der Rückkaufswert in den ersten Jahren unter der Summe der eingezahlten Beiträge. Wer kündigt, bekommt also weniger raus als er eingezahlt hat.

Selbst wenn der Rückkaufswert über den eingezahlten Beiträgen liegt, büßen die Versicherungsnehmer bei vorzeitiger Kündigung Geld ein. Denn viele Versicherungen schreiben einen großen Teil der Überschüsse erst am Ende der Laufzeit dem Kundenkonto gut. Diese Schlussüberschüsse sind dann verloren. Die Rendite des Vertrages sinkt deutlich.

Beim Neuabschluss kann es teurer werden

Je nach Versicherungssparte kann es beim Neuabschluss einer gekündigten Versicherung zu Problemen kommen. Der Versicherer verlangt entweder deutlich mehr Beitrag als der alte oder er verweigert die Annahme des Antrags. Ausschlaggebend sind dafür vor allem Alter und Gesundheit des Antragstellers.

Die Lebens- Berufsunfähigkeits- und Krankenversicherer führen vor Vertragsabschluss Gesundheitsprüfungen durch. Sie erfragen dabei die Erkrankungen der vergangenen Jahre. Wenn sich durch zwischenzeitliche Erkrankungen das Risiko erhöht hat, führt das zu deutlich höheren Beiträgen als beim gekündigten Vertrag oder zur Ablehnung. In jedem Fall wirkt jedoch das inzwischen fortgeschrittene Alter zu einer Betragserhöhung, wie das Beispiel Lebensversicherung zeigt:

Beispiel für eine Kapitallebensversicherung über 50.000 Euro, Laufzeit bis zum Rentenbeginn mit 65 Jahren:

BEISPIEL KAPITALLEBENSVERSICHERUNG

Eintrittsalter	Jahresbeitrag (Euro) für	
	Männer	Frauen
25	750	690
30	940	870

Eintrittsalter	Jahresbeitrag (Euro) für	
	Männer	Frauen
35	1.210	1.120
40	1.590	1.480
45	2.170	2.025

BEISPIEL FÜR EINE KAPITALLEBENSVERSICHERUNG

Dies bedeutet: Ein 30-jähriger Familienvater, der seine Kapitallebensversicherung kündigt, um 940 Euro Beitrag zu sparen, muss für die gleiche Altersversorgung über 50.000 Euro schon 1.590 Euro Jahresbeitrag bezahlen, wenn er mit 40 Jahren finanziell besser dastehen und einen neuen Vertrag abschließen möchte.

Damit nicht genug: Das Verhältnis von Aufwand (Beitrag) und Nutzen (Versicherungsleistung) verschlechtert sich deutlich. Während der 30-jährige für die Leistung von 50.000 Euro nur 32.900 Euro (35 Jahre lang 940 Euro) selbst einzahlt, muss der 40-jährige für die gleiche Leistung 39.750 Euro einzahlen (25 Jahre lang 1.590 Euro).

Alternativen zur Kündigung

Die Kündigung von kapitalbildenden Versicherungen ist ein schlechtes Geschäft. Es gibt deutlich bessere Alternativen. Die richtige Strategie bei vorübergehenden Zahlungsschwierigkeiten:

- **Stundung der Beiträge:** Die Beitragszahlung kann je nach Vertrag für ein halbes oder ein Jahr ausgesetzt werden. Nach dieser Frist können die ausgesetzten Beiträge zuzüglich einer Verzinsung nachgezahlt werden. Der Versicherungsschutz bleibt auch während der Stundung der Beiträge in vollem Umfang bestehen. Die Ablaufleistung wird nicht oder nur unwesentlich geschmälert.

- **Verrechnung mit dem Gewinnguthaben:** Auch bei dieser Variante kann die Beitragszahlung später wieder aufgenommen werden. Die geschuldeten Beiträge müssen jedoch nicht nachgezahlt werden. Sie verrechnet die Versicherung mit den Gewinnen. Das senkt jedoch die Leistung des Vertrages.

- **Herabsetzung der Versicherungssumme:** Für einen begrenzten Zeitraum entnimmt die Versicherung Beiträge aus dem angesparten Kapital. Damit sinkt die Versicherungssumme nur um den unbedingt nötigen Betrag.

Die Alternative zur Kündigung bei langfristigen Zahlungsschwierigkeiten:

- **Beitragsfreistellung:** Die Versicherung bleibt erhalten, Beiträge müssen nicht mehr gezahlt werden. Das bestehende Kapital wird jedoch weiter verzinst. Der Versicherungsschutz bleibt erhalten, die Ablaufleistung bzw. die monatliche Rente fallen jedoch geringer aus. Die Reduzierung der Leistungen ist umso größer, je länger die Restlaufzeit zum Zeitpunkt der Beitragsfreistellung ist.

> **! ACHTUNG VERSICHERUNG KONSULTIEREN ! ACHTUNG**
>
> Wenn Beiträge für Kapital- oder Rentenversicherungen nicht oder zeitweise nicht mehr aufgebracht werden können, sollten Betroffene zuerst die Versicherung konsultieren, damit die optimale Variante mit den geringsten finanziellen Einbußen berechnet werden kann.

Richtig verhalten – Schutz retten

In fast jedem Versicherungsverhältnis kommt es einmal zu einem Schaden, den die Versicherung bezahlen soll. Damit die Versicherten möglichst schnell und unkompliziert zu ihrem Geld kommen, sollten sie ein paar Regeln beachten. Im Versicherungsdeutsch heißt dies „Obliegenheiten". Diese schreiben vor, was der Versicherte bei einem Schaden tun oder lassen muss, damit er zu seinem Recht kommt. Denn bei Obliegenheitsverstößen kann die Versicherung die Leistung verweigern. Damit das nicht eintritt, kommt es bei allen Versicherungen auf drei Dinge an:

- Den Schaden so bald als möglich dem Versicherer melden.

Praktisch bedeutet dies, den Versicherer zu informieren, sobald man von dem Schaden Kenntnis hat. Das kann durchaus unterschiedlich sein: Einen Brandschaden bemerkt man sofort, den Fahrraddiebstahl aus dem Fahrradkeller unter Umständen erst nach drei Wochen. Für die Entschädigung ist dies unwesentlich, wichtig ist, dass der Versicherte „ohne schuldhaftes Zögern" (so das Bürgerliche Gesetzbuch in § 121) handelt.

Für manche Versicherungssparten gibt es feststehend Anzeigefristen:

ANZEIGEFRISTEN IM SCHADENSFALL

Sparte	Anzeigefrist
Feuerversicherung	3 Tage
Hagelversicherung	4 Tage
Haftpflichtversicherung	1 Woche
Lebensversicherung	3 Tage
Unfallversicherung	48 Stunden
Krankenversicherung (Krankenhausaufenthalt)	10 Tage

Die Schadensmeldung sollte immer schriftlich erfolgen, wobei eine möglichst schnelle Vorabinformation per Telefon oder Internet ratsam ist.

- Auskünfte geben, Beweise sichern und den Schaden belegen.

Jede Auskunft und jeden Beleg, den die Versicherung verlangt, müssen Versicherungskunden geben. Das hört sich schlimmer an, als es ist. Bei den meisten Versicherungen ist es damit getan, dass man das Schadensprotokoll, das man vom Vertreter ausgehändigt oder von der Versicherung zugeschickt bekommt, wahrheitsgemäß ausfüllt.

Dazu können weitere Belege verlangt werden, wie Kaufrechnungen, Inventarlisten oder Arztrechnungen. Bei Unfällen gehören Fotos, Zeugenaussagen und Skizzen zu den Belegen. Immer, wenn strafbare Handlungen zum Schaden führen, ist die Anzeige bei der Polizei Voraussetzung für die Schadensregulierung. Das gilt auch im Ausland.

- **Zur Eingrenzung und Minderung des Schadens beitragen**

Sowohl der Versicherte als auch die Versicherung haben naturgemäß ein Interesse daran, dass der Schaden so gering als möglich ausfällt. Wer seelenruhig zusieht, wie ein in Brand geratenes Adventsgesteck das Wohnzimmer und das Haus in Flammen setzt und der Brand womöglich noch auf andere Wohnungen und Gebäude übergreift, wird sich von der Versicherung fragen lassen müssen, warum er nicht sofort Löschmaßnahmen ergriffen hat.

Fehler sind menschlich

Allerdings können Unachtsamkeiten, die in der Hektik entstehen, dem Geschädigten nicht zur Last gelegt werden. Selbst wenn grobe Fahrlässigkeit im Spiel war, muss die Versicherung zahlen, allerdings nur, wenn erwiesen ist, dass auch ohne das Fehlverhalten des Versicherten nichts mehr zu retten gewesen wäre. Da der Begriff „grobe Fahrlässigkeit" sehr dehnbar ist, ist es immer besser, im Ernstfall alles zu tun, damit der Schaden gering ausfällt und dies von sich aus dem Versicherer zu schildern.

Um die Kosten für solche Rettungsmaßnahmen muss man sich im Ernstfall keine Sorgen machen, die Versicherung bezahlt alles, was zur Schadensminderung nötig ist.

Versicherungsschutz bei grober Fahrlässigkeit

Früher hatte es die Versicherer relativ leicht, Schadenersatzansprüche mit der Begründung abzulehnen, der Schaden sei „grob fahrlässig" herbeigeführt worden. Dann nämlich gab es keinen Cent. Das hat sich geändert. Mit der Novellierung des Versicherungsvertragsgesetzes im Jahr 2008 ist das „Alles-oder-nichts-Prinzip" weggefallen.

Im Falle grober Fahrlässigkeit ist der Versicherer nur noch berechtigt, seine Leistung „in einem der Schwere des Verschuldens des Versicherungsnehmers entsprechenden Verhältnis zu kürzen".

Das ist natürlich sehr dehnbar. Eine Liste, welche Kürzungen in welchen Fällen zu erwarten sind, gibt es bisher nicht. Allenfalls grobe Anhaltspunkte, die vor allem durch die Rechtsprechung gesetzt werden, wenn es zum Streit zwischen Versicherern und Versicherten um die Zahlung einer Entschädigung kommt. Meist bezieht sich das auf Fälle aus der Kfz-Versicherung.

Anhaltspunkte sind folgende Urteile:

- Trunkenheitsfahrt: 75 Prozent Leistungskürzung (Landgericht Bonn, 31.7.2009, Az.: 10 O 115/09)

- Rotlichtverstoß: 50 Prozent Leistungskürzung (Landgericht Münster, 20.8.2009, Az.: 15 O 141/09)

Der Deutsche Verkehrsgerichtstag hat auf seiner 47. Tagung im Januar 2009 Empfehlungen für die Quotelung bei Kfz-Versicherungen abgegeben:

- 50 Prozent Leistungskürzung bei Unfallverursachung mit einer Blutalkoholkonzentration von 0,5 Promille und mehr;

- 100 Prozent Leistungskürzung bei Unfallverursachung mit einer Blutalkoholkonzentration von 1,1 Promille und mehr;

- 25 Prozent Leistungskürzung bei Missachtung eines Stoppschildes;

- 25 Prozent Leistungskürzung bei Fahren mit unsicherer Bereifung;

- 50 Prozent Leistungskürzung bei Rotlichtverstoß.

Fazit: Wer sich Leistungskürzungen und einen teuren Rechtsstreit ersparen will, vermeidet grob fahrlässiges Verhalten. Außerhalb der Kfz-Versicherung betrifft das unter anderem auch folgende Versicherungsfälle:

- Brandschäden, verursacht durch einen im Bett liegenden übermüdeten Raucher;

- Brandschäden durch unbeaufsichtigte Kerzen, Adventskränze, Grill- und Kaminfeuer;

- Brandschäden, wenn glühende Holzkohlereste nach dem Grillen in einen Pappkarton geschüttet wurden;

- Schäden durch Einbruchdiebstahl, wenn die Diebe in Abwesenheit des Bewohners durch ein Fenster einer Erdgeschosswohnung eingedrungen sind, das in Kippstellung geöffnet war;

- Schäden durch Einbruchdiebstahl, wenn bei mehrstündiger Abwesenheit die Wohnungstür nur zugeschnappt, jedoch nicht abgeschlossen war;

- Diebstahlschäden, wenn der Wohnungsschlüssel für Diebe zugänglich deponiert wurde (unter der Fußmatte, im Blumentopf auf der Terrasse);

- Frostschäden in einem leer stehenden, ungeheizten Gebäude, bei dem die Wasserleitung nicht entleert wurde;

- Leitungswasserschäden, wenn die Bewohner für mehrere Stunden die Wohnung verlassen und die Geschirrspülmaschine laufen lassen hatten;

- Leitungswasserschäden, wenn während des Urlaubs Absperrventile für Geschirrspüler oder Waschmaschinen nicht geschlossen wurden;

- Diebstahl von Reisegepäck, wenn über Nacht Gepäck und Wertgegenstände sichtbar in dem auf einem öffentlichen Parkplatz abgestellten Auto deponiert wurden.

Die Liste ließe sich fortsetzen. Denn ständig fällen Gerichte immer neue Urteile zum Thema Fahrlässigkeit. Die sicherste Methode, dem Vorwurf der groben Fahrlässigkeit zu entgehen, ist der gesunde Menschenverstand. Wer den Gedanken „Es wird schon nichts passieren" gar nicht erst aufkommen lässt, sondern mit dem Denkbaren rechnet und nach der Regel „Sicher ist sicher" verfährt, entgeht der Falle Fahrlässigkeit.

Kosten vermeiden bei Versicherungsstreit

Wie bei jedem Vertragsverhältnis kann es auch bei Versicherungsangelegenheiten dazu kommen, dass die Vertragspartner in Streit geraten. Übliche Fälle sind:

- Die Versicherung zahlt bei einem Schaden nicht oder nicht in voller Höhe, weil sie von einem Mitverschulden des Versicherten – häufig bei der Kfz-Versicherung – ausgeht.
- Die Versicherung erhöht den Beitrag.
- Zwischen der Schadensmeldung und der Zahlung der Entschädigung vergeht viel Zeit.

Natürlich kann man gegen die Versicherung vor Gericht ziehen. Doch Gerichtsprozesse kosten Zeit, Geld und Nerven. Nicht immer steht der Ausgang des Verfahrens zu Gunsten des Versicherten fest. Gar nicht so selten irren sich Versicherte auch darüber, welche Leistungen ihnen zustehen. Das ist nur natürlich, denn nicht nur Laien verirren sich mitunter im Dschungel des Kleingedruckten der Versicherungsverträge.

Einfacher, kostenfrei und sicher ist ein anderer Weg: die außergerichtliche Streitschlichtung.

Der Ombudsmann der Versicherer

Die Versicherungswirtschaft hat als zentrale und unabhängige Streitschlichtungsstelle den Ombudsmann eingerichtet. Der Ombudsmann prüft die Ansprüche von Versicherten kostenlos.

Der richtige Weg zum Ombudsmann

Der erste Weg führt zur Versicherung. Sie muss Gelegenheit haben, die Beschwerde aus der Welt zu schaffen. Dafür hat die Versicherung sechs Wochen Zeit.

Kommt keine Einigung zu Stande oder der Versicherte ist mit dem angebotenen Kompromiss nicht einverstanden, kann er sich telefonisch, per Brief, Email oder Fax an den Ombudsmann wenden:

Versicherungsombudsmann: Postfach 08 06 32, 10006 Berlin, Telefon: 030/20 60 58-0, Email: beschwerde@versicherungsombudsmann.de, Internet: www.versicherungsombudsmann.de

Für Streitfälle bei privaten Krankenversicherungen gibt es einen gesonderten Ombudsmann:

Ombudsmann der Privaten Kranken und Pflegeversicherung: Postfach 06 02 22, 10117 Berlin, Telefon: 01802/55 04 44, Internet: www.pkv-ombudsmann.de

> **! TELEFONISCHE KONTAKTAUFNAHME !**
>
> Eine telefonische Kontaktaufnahme ist ratsam, weil die Juristen der Ombudsmannstelle sagen können, welche Unterlagen in dem Fall benötigt werden.

So arbeitet der Ombudsmann

Der Ombudsmann prüft zunächst, ob er überhaupt zuständig ist. Nicht zuständig ist er für Versicherer, die sich nicht der Schlichterstelle angeschlossen haben. Dies kann bei deutschen Versicherern jedoch ausgeschlossen werden. Nicht zuständig ist der Ombudsmann auch für Fälle, die bereits ein Gericht entschieden hat oder über die vor Gericht noch verhandelt wird.

Wenn der Ombudsmann zuständig ist, wird er das Versicherungsunternehmen zu einer Stellungnahme auffordern. Die Antwort wird dem Versicherten zugeleitet.

Kann der Versicherte die Stellungnahme nicht akzeptieren, wird der Ombudsmann selbst versuchen, den Streitfall zu schlichten. Dazu stützt er sich auf schriftliche Urkunden und Dokumente, eine Anhörung der Parteien oder von Zeugen findet nicht statt.

Entscheidung versperrt nicht den Gang zum Gericht

Der Ombudsmann unterbreitet dann einen Schlichtungsvorschlag. In der Regel wird das ein Kompromiss sein. Bis zum Streitwert von 5.000 Euro darf der Ombudsmann entscheiden. An diese Entscheidung ist die Versicherung gebunden. Der Versicherte muss, wenn er mit dieser Entscheidung nicht einverstanden ist, den Kompromiss nicht akzeptieren. Ihm steht es frei, trotzdem eine Klärung vor Gericht anzustreben.

Bis zum Streitwert von 50.000 Euro kann der Ombudsmann für beide Seiten unverbindliche Empfehlungen abgeben.

Ablehnen kann der Ombudsmann eine Entscheidung, wenn es sich um eine Grundsatzfrage handelt, die höchstrichterlich noch nicht geklärt ist.

Auf alle Fälle erhalten die Versicherten eine schriftliche Begründung der Entscheidung oder Empfehlung des Ombudsmanns.

Schummeln wird teuer

„Versicherungsbetrug" ist ein großes Wort. Doch viele Menschen halten es für kein sehr erhebliches Vergehen, bei Versicherungsdingen hin und wieder zu schummeln. Das gilt mehr oder weniger als Kavaliersdelikt. „Hab ich so viele Jahre Versicherungsbeiträge gezahlt, sollen die sich mal nicht so kleinlich haben", so oder ähnlich klingt es wohl am Stammtisch. Auf rund vier Milliarden Euro jährlich schätzt die Versicherungsbranche den Schaden durch Versicherungsbetrug. Manche halten das schon für einen „Volkssport".

Versicherungsbetrug hat viele Gesichter. Es muss ja nicht immer die fingierte Brandlegung sein, um die Versicherungssumme für ein sanierungsbedürftiges Eigenheim abkassieren zu können. Am meisten wird wohl bei der Kfz-Versicherung geschummelt, wo den Versicherern gleich ein paar Vorschäden mit untergejubelt werden. Aber auch in der privaten Haftpflichtversicherung und in der Hausratversicherung werden häufig Schäden „getürkt".

Doch der Versicherungsbetrug hat das Potenzial zum „Rohrkrepierer". Und dann wird es so richtig teuer. Der Anfang ist mitunter schon bei der Antragstellung gemacht. Bei vielen Versicherungen – Lebens-, Unfall-, Berufsunfähigkeits-, Kranken- oder Pflegeversicherungen – müssen die Antragsteller Gesundheitsfragen beantworten. Wer dabei schummelt und beispielsweise Vorerkrankungen verschweigt oder verharmlost, schadet sich in erster Linie selbst. Selbst wenn die Versicherung das nicht sofort entdeckt: Im Leistungsfall forscht sie erst einmal nach, bevor sie zahlt. Wird die vermeintlich harmlose „Schummelei" aufgedeckt, wird es teuer.

Der schlimmste anzunehmende Fall

Wer Vorerkrankungen verschweigt oder auch nur vergisst, riskiert seinen Versicherungsschutz. Die Versicherung kann sich darauf berufen, dass der Versicherte seine „vorvertragliche Anzeigepflicht" verletzt hat. Die Folge ist, dass die Versicherung nicht zahlt und Patienten zum Beispiel auf der Arzt- oder Krankenhausrechnung sitzen bleiben. Kann die Versicherung gar nachweisen, dass der Versicherte sie bei Vertragsabschluss vorsätzlich und arglistig getäuscht hat, kann sie vom Vertrag zurücktreten. Das bedeutet: Der Versicherte steht dann nicht nur ohne Versicherungsschutz da, er hat auch jahrelang völlig umsonst Beiträge gezahlt.

Versicherer machen mobil

Seitdem Krise ist, schauen die Versicherer noch pingeliger auf jeden Cent. Sie verfolgen in jüngster Zeit verschärft Versicherungsbetrüger. Beim Versicherungsbetrug handelt es sich um ein Delikt, das strafrechtlich verfolgt wird. Schon der Versuch ist strafbar.

Die offizielle Definition für das Delikt Betrug nach § 263 des Strafgesetzbuchs (StGB): "Wer in der Absicht, sich oder einem Dritten einen rechtswidrigen Vermögensvorteil zu verschaffen, das Vermögen eines anderen dadurch beschädigt, dass er durch Vorspiegelung falscher oder durch Entstellung oder Unterdrückung wahrer Tatsachen einen Irrtum erregt oder unterhält, wird mit Freiheitsstrafe bis zu fünf Jahren oder mit Geldstrafe bestraft."

Der Versicherungsmissbrauch stellt nach § 265 StGB ein Sonderdelikt des Betruges dar: "Wer eine gegen Untergang, Beschädigung, Beeinträchtigung der Brauchbarkeit, Verlust oder Diebstahl versicherte Sache beschädigt, zerstört, in ihrer Brauchbarkeit beeinträchtigt, beiseite schafft oder einem anderen überlässt, um sich oder einem Dritten Leistungen aus der Versicherung zu verschaffen, wird mit Freiheitsstrafe bis zu drei Jahren oder mit Geldstrafe bestraft, wenn die Tat nicht in § 263 mit Strafe bedroht ist."

Mögliche Konsequenzen:

- Zahlungsverweigerung durch die Versicherungsgesellschaft.
- Verlust des Versicherungsschutzes für den Versicherten.
- Rückforderung der bereits ausgezahlten Leistungen durch die Versicherung.
- Erstattung einer Strafanzeige durch die Versicherung – immer häufiger auch bei kleineren Schäden: bei Verurteilung droht eine Geld- oder Haftstrafe.
- Strafmaß: Bei einer Verurteilung wegen Betrugs bis zu fünf Jahren Haft – in besonders schweren Fällen sogar bis zu zehn Jahre Gefängnis (wenn das Delikt an andere Vergehen oder Verbrechen wie beispielsweise Brandstiftung gekoppelt ist).
- Anspruch auf Schadenersatzforderungen für die betroffene Versicherungsgesellschaft.

Fazit: Gar nicht erst versuchen! Das Risiko steht in keinem Verhältnis zum möglichen Gewinn! Und das Risiko des Versicherungsbetrugs ist auch nicht versicherbar.

Steuern sparen mit Versicherungen

Steuern zu sparen sei eine der Lieblingsbeschäftigungen der Deutschen, heißt es. Ganz stimmen kann das nicht, denn gerade bei Versicherungen lassen sich viele Verbraucher eine ganze Menge Geld durch die Lappen gehen. Beweis: Mehr als 30 Millionen Arbeitnehmer haben Anspruch auf die Zulagen und Sonderausgabenabzüge für die Riester-Rente, aber nur gut 13 Millionen haben bisher einen entsprechenden Vertrag abgeschlossen. Andererseits verschenken jährlich zehntausende Riester-Sparer die ihnen zustehenden Zulagen, weil sie sie nicht beantragen.

Steuern sparen mit Versicherungen

Es gibt verschiedene Möglichkeiten, mit Versicherungen Steuern zu sparen. Vorsorgeaufwendungen sind als Zukunftsvorsorge steuerlich absetzbar. Das gilt für Beiträge zur gesetzlichen Sozialversicherung, privaten Kranken- und Pflegeversicherung, privaten Unfallversicherung, Erwerbs- und Berufsunfähigkeitsversicherung, privaten Haftpflichtversicherung und zur Lebensversicherung unter bestimmten Voraussetzungen.

Altersvorsorgeaufwendungen sind anteilig absetzbar

Der jährlich Höchstbetrag für Altervorsorgeaufwendungen beträgt für Alleinstehende 20.000 Euro und für Verheiratete 40.000 Euro. Im Jahr 2010 sind aber nur 70 Prozent der Altersvorsorgeaufwendungen absetzbar. Dieser Anteil steigt jährlich um zwei Prozentpunkte, bis sie im Jahr 2025 zu 100 Prozent absetzbar sind. Es lohnt sich aber steuerlich, die geförderten Beträge möglichst auszuschöpfen. Im Gegezug zu den steuerfreien Beitragszahlungen werden im Gegenzug die späteren Renten besteuert. Weil der Steuersatz im Rentenalter geringer ist als zu Erwerbszeiten, entsteht ein Gewinn.

Im Jahr 2010 ist eine Reihe von Änderungen in Kraft getreten, die die Absetzbarkeit von Versicherungsverträgen verbessern:

- Begünstigte Beiträge zur Kranken- und Pflegeversicherung sind in voller Höhe absetzbar.

- Die Höchstbeträge für sonstige Vorsorgaufwendungen sind um 400 Euro auf 1.900 Euro (Angestellte, Rentner, Beamte, Penionäre) bzw. 2.800 Euro (Selbstständige) gestiegen.

Sonstige Vorsorgeaufwendungen absetzen

Dazu gehören eine Reihe von privaten Risiko- und Haftpflichtversicherungen. Das sind im Einzelnen folgend Beiträge:

- Erwerbs- und Berufsunfähigkeitsversicherungen;

- private Unfallversicherung, Autoinsassen-Unfallversicherung, Reise-Unfallversicherung;

- Privat- und Familienhaftpflichtversicherung;
- Hunde-, Jagd-, Boots- und Öltank-Haftpflichtversicherung;
- Kfz-Haftpflichtversicherung;
- Risikolebensversicherung;
- Renten- und Lebensversicherung;

Es lohnt sich auf jeden Fall, die Beiträge in die Steuerformulare einzutragen. Das Finanzamt nimmt bei den Vorsorgeaufwendungen Günstigerprüfungen vor, bei denen die für den Steuerpflichtigen günstigste Variante die Berücksichtigung von Vorsorgeaufwendungen zum Ziel hat.

Was bei Lebensversicherungen gilt

Bei Kapitallebensversicherungen kommt es darauf an, wann sie abgeschlossen wurden und der erste Beitrag floss:

- Vor dem 1. Januar 2005: Die Beiträge zu Kapitallebensversicherungen sowie Rentenversicherungen mit Kapitalwahlrecht sind als Sonderausgaben absetzbar.
- Nach dem 31. Dezember 2004: Die Beiträge zu Kapitallebensversicherungen sowie Rentenversicherungen sind steuerlich nicht abzugsfähig.

! ACHTUNG ALTVERTRÄGE NICHT KÜNDIGEN !

Wer noch einen Lebensversicherungs-Altvertrag hat, sollte ihn auch aus steuerlichen Gründen nicht kündigen. Nicht nur die Beiträge sind absetzbar, auch die Auszahlung ist steuerfrei. Bei Neuverträgen muss die Hälfte des Gewinns versteuert werden.

Rentenversicherung auch steuerlich ein Gewinn

Neben Riester-Rente und betrieblicher Altersvorsorge, deren Beiträge in bestimmten Grenzen steuerfrei sind, lohnt sich auch die private Rentenversicherung aus steuerlicher Sicht. Zwar sind deren Beiträge aus versteuertem Einkommen zu entrichten, doch anders als bei anderen Vorsorgeformen wird die private Rente später nicht in vollem Umfang mit dem individuellen Steuersatz belegt. Besteuert wird nur der Ertragsanteil. Und der richtet sich nach dem Alter bei Inspruchnahme der Rentenleistung. Wer beispielsweise mit 65 Jahren in Rente geht, muss nur 18 Prozent der Rente mit seinem persönlichen Steuersatz versteuern.

Neue Regeln für Rentengarantien

Nach einer neueren Regelung des Bundesfinanzministeriums ist die steuerliche Anerkennung einer privaten Rentenversicherung an bestimmte Regeln geknüpft. Das gilt vor allem für Verträge, die nach dem 30. Juni 2010 abgeschlossen wurden.

- Eine steuerlich anzuerkennende Rentenversicherung liegt nur dann vor, wenn der Versicherer bereits zum Beginn der Vertragslaufzeit ein Langlebigkeitsrisiko übernimmt.

- Bereits bei Vertragsabschluss muss die Höhe der garantierten Leibrente in Form eines konkreten Geldbetrages festgelegt oder (bei fondsgebundenen Rentenversicherungen) ein konkret bezifferter Faktor (Rentenfaktor) garantiert werden. Mit Hilfe dieses Rentenfaktors kann die Höhe der garantierten Leibrente durch Multiplikation mit je 10.000 Euro Fondsvermögen am Ende der Anspar- bzw. Aufschubphase errechnet werden.

- Für vor dem 1. Juli 2010 abgeschlossene Rentenversicherungen ist es ausreichend, dass hinreichend konkrete Grundlagen für die Berechnung der Rentenhöhe oder des Rentenfaktors zugesagt wurden Dazu genügt es, wenn die bei Vertragsbeginn für die Rentenberechnung unterstellten Rechnungsgrundlagen mit Zustimmung eines unabhängigen Treuhänders, der die Voraussetzungen und die Angemessenheit prüft, geändert werden können.

Stichwortverzeichnis

Abschlusskosten 168
Altersvorsorge 147, 148, 151
Annexvertrieb 166
Anzeigepflicht, vorvertragliche 185
Assistance-Leistungen 32, 33, 55, 93
Aufräumarbeiten 97
Ausbildungsversicherungen 83, 145
Auslandsreise-Krankenversicherung 12, 49
Ausschließlichkeitsvermittler 163
Außenversicherung 89

Basisrente 115, 127 ff., 151
Bauherren-Haftpflichtversicherung 67
Beitragsbemessungsgrenze 125
Beitragsfreistellung 177
Beitragsstabilität 46
Bergungskosten 31
Berufsanfänger 146
Berufsrechtsschutz 149
Berufsunfähigkeitsversicherung 12, 18, 20, 132, 145, 146, 148, 155, 187
Berufsunfähigkeits-Zusatzversicherung 135
Betriebliche Altersvorsorge 115, 123 ff., 149, 155, 189
Bezugsrecht 158

Direktversicherung 124
Direktvertrieb 165
Direktzusage 125

Dread Disease 35 ff.
Dynamik 22

Einmalbetrag 56
Einsteigerbonus 116
Einwirkungsschäden 96
Elementarschäden 90
Elementarschadenversicherung 99 ff.
Erwerbsunfähigkeitsversicherung 19, 132, 187

Fahrlässigkeit 61
- grobe 179
Fahrräder 90
Folgeschäden 96
Fondsgebundene Rentenversicherung 120
Garantieleistung 132
Garantierente 134
Gebäudeversicherung 94 ff.
Gefahrengruppe 31
Genesungsgeld 79
Gesundheitsfragen 24 f., 184
Gewässerschadenhaftpflicht 150
Glasversicherung 101 ff.
Gliedertaxe 29, 81
Grundbesitzer-Haftpflichtversicherung 150
Grundstücks- und Mietrechtsschutz 70
Grundzulage 116
Günstigerprüfung 188

Haftpflichtversicherung 13, 61 ff., 144, 146, 155, 159

Stichwortverzeichnis

Haus- und Grundbesitzer-
  Haftpflichtversicherung 67
Hausratversicherung 73, 85, 95,
  144, 147, 148, 150, 152, 158
Hinterbliebenenrente 73
Hinterbliebenenversorgung 132
Höchststands-Fondspolice 138
Honorarberater 165
Hybrid-Produkte 138

Indexpolice 139

Jagdhaftpflichtversicherung 66

Kapitallebensversicherung 74,
  83, 115, 188
Kapitalwahlrecht 134
Kfz-Haftpflichtversicherung
  105 f.
Kinder- und Enkelpolice 145
Kinderinvaliditätsversicherung
  80 ff., 145, 148
Kinderunfall-
  versicherung 79, 148
Kinderzulage 116
Krankenhaustagegeld 79
Krankenhaustagegeld-
  Zusatzversicherung 49
Krankentagegeld-
  Zusatzversicherung 48
Krankenversicherung 10, 144,
  187, 38 ff.
Krankenvollversicherung 149
Kündigung 158, 171 ff.

Leistungsphase 133
Luftfahrthaftpflicht-
  versicherung 67

Makler 164
Mehrfachvermittler 164

Nachversicherungsgarantie 22
Neubauwert 98
Neuwert 97

Obliegenheiten 177
Ombudsmann 182 ff.

Pensionsfonds 125
Pensionskasse 124
Pensionszusage 125
Pflegebedürftigkeit 52
Pflegefall 156
Pflegekosten 52
Pflegekosten-Versicherung 53
Pflegerenten-Versicherung 53
Pflegerenten-Zusatz-
  versicherung 135
Pflegetagegeld 53
Pflegetagegeldversicherung 14
Pflegeversicherung 10,
  51 ff., 187
Pflegezusatzversicherungen 53
Photovoltaikanlagen 104 f.
Privat- und Berufsrechtsschutz-
  versicherung 69
Produktinformationsblatt 167
Prognosezeitraum 21
Provision 163

Rechtsschutzversicherung 68 ff.,
  144, 152
Reisegepäckversicherung 92 ff.
Reiserücktrittskosten-
  versicherung 94
Rentenfaktor 140
Rentengarantie 135

Rentenversicherung 10, 174
- aufgeschobene 134
- fondgebundene 120, 137
- gesetzliche 155
- private 132 ff., 189
Riester-Rente 115 ff., 149, 155, 186, 189
- fondsgebundene 122
Risiko-Lebensversicherung 74, 148
Rückkaufswert 174
Rücktrittsrecht 23, 168
Rürup-Rente siehe Basisrente

Schadensersatzanspruch 62
Schadensfreiheitsrabatt 111
Selbstbehalt 47
Seniorenunfallversicherung 151
Singletarife 147
Sofortrente 134 f.
Sonderausgabenabzug 116, 127
Sparphase 134
Sterbegeldversicherung 152 f.
Stornogebühr 175
Strukturvertrieb 164

Teilkasko-Versicherung 107
Tierhalterhaftpflichtversicherung 66
Trauervorsorge-Versicherung 152

Überschussbeteiligung 174
Überschussrenten 133
Überschwemmungsschäden 87
Überspannungsschäden 87, 90
Überversicherung 148
Umweltschadenhaftpflichtdeckung 150

Unfallereignis 28
Unfallversicherung 13, 27 ff., 144, 152, 160
Unterstützungskasse 125
Unterversicherung 88

Variable Annuities 139
Verbundene Leben 75
Vereinshaftpflichtversicherung 67
Verkehrsrechtsschutzversicherung 69, 149
Vermittlungskosten 168
Verschulden 62
Versicherungsberater 164
Versicherungsbetrug 184
Versicherungspflicht 149
Versicherungspflichtgrenze 38
Versicherungssumme 1914 98
Versorgungsausgleichskasse 158
Verweisklausel 21
Vollkaskoversicherung 107
Vorsorgeaufwendungen 187

Wassersporthaftpflichtversicherung 67
Wertsachen 90
Wertsicherungskonzepte, dynamische 139
Widerrufsrecht 168
Wildschäden 107

Zahnersatz 149
Zahnzusatzversicherung 48
Zeitwert 97
Zertifizierung 122
Zusatzversicherung
- ambulante 48
- stationäre 48